死前斷捨離

讓親人少點負擔，給自己多點愉悅

瑪格麗塔 · 曼努森 Margareta Magnusson —— 著／繪
陳錦慧 —— 譯

The Gentle Art of
Swedish Death Cleaning

獻給我的五個孩子

前言

對於生命，我們只知道有一天我們都會死。不過，那一天到來之前，我們能做的事無限多。

這本小書也許是孩子送你的，或者某個處境類似你我的人給你的禮物。

你會拿到這本書不是沒有原因：你這一生收集了非常多美好物品，而你的家人和朋友沒辦法評估這些東西的價值，或沒辦法處理。

容許我幫你一個忙，好讓你的家人日後對你懷念特別多，而不是想起你就搖頭嘆息。

M・M

整理遺物一點也不悲傷

我在整理遺物。這種事我們瑞典話稱之為 döstädning。其中的 dö，意思是「死亡」，städning 是清理。在瑞典語裡，這個字的意思是，當你覺得自己就要離開地球的時候，先把用不到的東西清理掉，讓你的家變得舒適又整齊。

這件事實在太重要，所以我不得不寫本書告訴你，也許我還能提供你一點訣竅。畢竟這是你我遲早都要面對的事，如果我們希望離開人世後，親愛的家人不必浪費太多時間，那就真的必須這麼做。

那麼何謂整理遺物？以我的認知，它代表逐項檢視我擁有的物品，仔細想想該如何處理那些我已經不想要的東西。轉頭看看你的屋子，很多東西可能已經擺在那裡太久，你根本視而不見，或者不覺得它們有何重要。

döstädning 應該算是滿新的單字，不過，它傳達的概念卻行之已久。如果你或某人很用心、很徹底地把房子打掃一遍，扔掉一些東西，讓你的生活多點輕鬆，環境少些擁擠，那麼你就是做了 döstädning。這個字跟年紀或死亡未必相關，但通常有關聯。有時候你發現抽屜已經關不上，或衣櫥幾乎爆開來，那麼就算你才三十幾歲，也一定得採取對策。雖然你距離死亡還有很多很多年，這種整理也可以稱為 döstädning。

整理遺物的責任好像落在女人身上。只不過，女人做的事通常很少受到注意，也沒得到應有的讚賞。有關整理遺物這件事，在我這個年代或之前那些年代，女人多半得幫另一半整理遺物，然後趁自己還在人世，先整理好自己的遺物。我們常說「自己收拾善後」，這回情況特殊，我們要在離開人世「前」就給自己收拾善「後」。

有些人不喜歡思考死亡這件事，最後留下一堆爛攤子讓別人收拾。難不成他們以為自己永生不死？

很多成年子女不敢主動跟父母討論死亡這個話題。其實不需要害怕，我們應該多談談死亡。如果不知從何說起，就先聊聊該怎麼整理遺物吧。

幾天前我告訴兒子我在整理遺物，也在寫一本這方面的書。他問我，這本書會不會很悲傷，我寫書的時候會不會很難過。

不，不。我說。一點都不悲傷。整理遺物和寫書都不會。

我想擺脫某些東西的時候，偶爾會有點良心不安，覺得自己太不珍惜那些東西。畢竟那些東西曾經讓我受用。

後來我發現，處理掉那些東西以前，再花點時間感受一下它們，心情能得到撫慰。每件物品都有它的歷史，回味那些消逝的時光，總是樂趣無窮。年輕的時候我總是太忙，沒能坐下來好好思索某件物品在我人生中的意義，沒能想想它來自何方，或何時又如何來到我手上。整理遺物跟一般大掃除之間的差別在於，二者耗費的時間不同。整理遺物並不是撣撣灰塵或擦擦地板，它是一種固定式的整理，可以讓你的日常生活運作更為順暢。

如今，我不再經常出門，比較少在斯德哥爾摩到處趴趴走，看看這個玩玩那個，因而更有時間賞玩我公寓裡的一切，那是一種生命的回顧。

這個世界有太多煩心事。洪水氾濫、火山爆發、地震、火災和戰爭，接二連三發生。聽新聞看報紙很叫人沮喪。如果不能跟好友相聚，或接近大自然、聽音樂、欣賞美好事物，甚至只是享受燦爛陽光（這在我們的北方氣候裡，有時是相當難得的事）這麼簡單的事，調和一下那些負面新聞，我一定會枯萎凋謝。

我絕不會想寫悲傷的文字，外面已經有太多哀愁了。所以，我希望你會覺得接下來的文字與觀念對你有用，讀來舒心遣懷，甚至有點幽默。

整理自己的遺物有時真的很困難，因為你還沒死……但你還是可以開始動手去做。也許你基於某種原因必須把家裡的東西變少，比如你又變成孤家寡人，或者你必須搬進養老院。我們大多數人都會碰到這些事。

把家裡的舊物一樣一樣拿出來查看，想著自己最後一次用到它們是什麼時候的事，順便跟其中幾件告別。對我們很多人來說，這種事做起來一點都不容易。我們常常習慣把東西存放起來，捨不得丟掉。

我幫不少人整理過遺物，如果我死後要勞動別人幫我整理一屋子亂糟糟的東西，那實在不像話。

人的死亡，經常會衍生各種混亂場面，這種事我見多了。我們都聽過這種不幸案例，比如兄弟姊妹為了爭奪某件物品大動肝火。這種事原本可以避免的，只要預先規劃好，就能減少這種不愉快的場面。

比方說，我有個相當貴重的手鐲，是很久以前我父親送給我母親的禮物。我母親在遺囑裡指定要把手鐲留給我。為免將來我的孩子們為了這只手鐲發生糾紛，最簡單的辦法就是賣掉它！我覺得這個點子棒極了。

後來我跟孩子們討論賣手鐲的事，他們都贊成我的決

定。他們手上都有爺爺奶奶的遺物。再者，手鐲終究是我的，我有權決定如何處置它。浪費寶貴時間跟孩子們討論區區一只手鐲，實在有點沒道理。整理遺物就是為了省下這種時間。

我為什麼寫這本書

我的年紀八十頗有餘、一百尚不足。身為高齡老人，我認為我有責任跟你分享我的經驗，因為我相信整理遺物這種觀念非常重要，大家都應該知道。也許你父母、朋友或家人年事已高，或者你自己也到了該整理遺物的年紀，這都無所謂。

我搬過十七次家，也在國外定居過。所以，不管你是搬家、遷居外國，甚至駕鶴西歸！有關哪些東西該留、哪些東西該丟，我應該也算半個專家了。

根據統計，女人比丈夫或伴侶更長壽，所以通常也是由她們負責為另一半整理遺物。當然，喪偶的也可能是男人，像我母親就比我父親先走一步。

如果你在同一間房子裡住了很久，家裡有大孩子小孩子，也常有親戚或客人留宿，和樂融融，那麼你會經常處於忙碌狀態，壓根兒不會想到是不是該把家裡的東西清理掉一些。

於是，時間一年一年過去，物品累積越來越多，速度也越來越快。直到某一天，情勢突然失控，滿屋子的東西開始讓你心力交瘁。

這種疲憊感也許會無預警冒出來。比如原本預定來度週末或吃晚餐的客人臨時取消，你不但不失望，反倒覺得慶幸，因為你太累，沒有力氣打掃房子。問題就在於，你家裡東西太多。你該改變生活方式了，任何時候開始都不嫌遲！

寶貴的時間、體貼的父母

這個年代很多事都跟我年輕時大不相同，我可沒說大有改善。這年頭生活步調無比快速，很多年輕家庭規劃行事曆時得要分秒必爭，才能擠出一點時間，去做那些他們認為最重要的事。

永遠別期待任何人會願意——或能夠花時間去處理那些你自己懶得處理的事。不管你的孩子們有多愛你，千萬別把這種麻煩留給他們。

我第一次整理遺物，是在我母親過世後，我必須清空我父母住的公寓。我父母結婚四十六年，我父親要搬到小一點的公寓，卻沒辦法獨自整理家裡的東西。我陪著他一起挑選家具、織品、家用器皿、各式擺設和畫作，用來為他布置一個雅致溫馨的新家。

我母親是個做事有條理、聰慧又務實的女性。她病了一段時間，或許已經猜到自己日子不多了，所以開始思考死後的事。

我動手整理他們的家以後，發現我母親的衣服和許多物品都貼了小字條，都是手寫的指南，說明那件東西該如何處理。某些已經裝袋的東西要送去慈善機構，某些書本要物歸原主。有一套舊式騎馬裝的外套翻領別著字條，上面說這套衣服要送到歷史博物館，還註明該跟館方哪個人聯繫。

即使這些小紙條並沒有特別指名給我，它們同樣帶給我很大的安慰。我覺得媽媽在幫我。她真的幫自己整理了遺物。我充滿感恩。她的做法為我樹立了良好模範，教會我該如何避免在死後留給孩子太多麻煩。

當時我的五個孩子年紀最小的才一歲，最大的十一歲，我自己的家就夠我忙的了。也因為我騰不出太多時間，我們決定找拍賣公司來清空屋子，把我父親不想要或不需要搬到新家的東西都拍賣掉。找拍賣公司聽起來好像很花錢，而且極少人這麼做。但其實並不會，拍賣公司的費用會直接從拍賣所得扣除，所以我或爸爸都不必自掏腰包。在那種情況下，這是我們最好的選擇。如果你有兄弟姊妹可以幫忙，或許就不需要找拍賣公司。

拍賣公司會幫你處理很多事。我記得他們開始動工後，進展無比神速，偶爾我得快手快腳阻止那些搬運工，否則某些東西一溜煙就被他們搬下樓，從此消失在我眼前。不過，就算拍賣公司搬走的東西超出我的預期，我也不會放在心上，我手邊還有太多更急迫、更複雜的事情等著我處理，比如照顧孩子，關心我剛失去老伴、馬上又要換新環境的父親，以及我自己的喪母之痛。這實在不是操心身外之物的時刻。

再者，我已經把我父親新家需要的基本用品和家具保留下來了。就算我們不小心拍賣掉太多東西，也不是什麼世界末日。最重要的是，確認我父親想搬到新家的東西都還在。我們留了一張他最喜歡的桌子（他在桌上擺了我母親的肖像畫）、他最喜歡的椅子，以及幾幅他割捨不下的畫作。

該從哪裡下手？

請注意，整理家中物品是很費時的事。老人家通常會覺得時間過得太快，其實是我們動作變慢了。所以，別再蹉跎了……

如果你繼續等下去，這個新任務永遠完成不了。但只要稍加練習，將來你處理不需要的物品時，肯定更加得心應手。相信我，你花越多時間檢視你的物品，就越容易決定什麼要留，什麼要丟。工夫下得越多，速度就越快。也許還會發現有個額外好處，那就是趁自己還有體力心力的時候，親自把家裡的無用之物丟棄，原來是非常痛快的事。

就從地下室、閣樓和前門的櫥櫃開始，這些都是我們暫時存放多餘物品的好地方。

雖說是「暫時」，可是，有很多東西可能已經待在裡面無限久了。或許你根本已經忘了那些地方放了些什麼東西。

這樣也好，因為這下子你總該明白，就算你當時隨手把那些東西扔了，事後也不會懊悔。

走到這些收納區，把藏在裡面的東西挖出來。也許有個娃娃屋，或冰上曲棍球具，多半都是些你自己不想要的東西。有時候你家閣樓已經塞滿，只好把東西放到別人家閣樓！實在糟糕至極！哪天你撒手人

寰，有誰能幫你清理那些東西？

讓你的家人和朋友知道你打算怎麼做，也許他們會想幫幫你，甚至拿走你不需要的東西，或幫你搬動一些太重的東西。你會發現陸陸續續有你喜歡（或不喜歡）的人過來，帶走一些像書本、衣物或器皿之類的東西。

也許你哪個孫輩或某個人剛好搬進人生第一間公寓。邀請他們過來，讓他們看看你家裡的東西，跟他們說說那些東西（甚至你的人生）的精采故事。別忘了事先準備好袋子或紙箱，邊聊天邊把東西裝起來，好讓他們隨時可以帶走。

照片和信件

先別急著處理照片，信件或其他私人文書也可以慢慢來。

瀏覽舊照片或信件的過程往往妙趣橫生，不免也帶點感傷。有一件事可以確定：如果你選擇從照片下手，結果一定是卡在回憶的長廊繞不出來，最後什麼都整理不成。

你必須先把家具和其他物品的去處安排妥當，再來處理那些你基於某些原因保存下來的照片和書信。一般說來，整理遺物的時候，物品的體積是優先考量。先從家裡的大型物件開始，把小東西留到最後。照片承載著太多情感，會阻礙你的進度。但它們又太重要，所以這本書裡有一章專門討論它們。

什麼該留，什麼該捨

整理遺物的目的，不是要把那些帶給我們愉悅與舒適的物品清理掉。可是，如果你連自己家裡有些什麼都記不清，那表示你的東西太多啦。

我喜歡住在井然有序的屋子裡，家裡不能有我覺得礙眼的東西。如果我有張漂亮的椅子，我不會把髒衣服丟在上面。如果我經常會把某個我費心裝飾打理的區塊弄亂，那麼我整理房子的方式一定有問題。

只要把多餘的物品清理掉，生活就會變得清爽宜人。

整理與分類

當你環顧自己的家，可能會看到一堆東西，而這些東西只有一個共通點，它們屬於你。事實上，家裡的大多數東西彼此之間都有不少共同點。幾乎家裡所有東西都可以分門別類。比方說，可以將它們歸類為家具、衣物、書籍或織品。

當然，每個家庭的分類不盡相同。高爾夫球員、園丁、水手、足球員，各有不一樣的類別清單。要清理多餘物品時，某些類別會比其他類別難度更高。選一個你覺得比較容易入手的類別。所謂比較容易入手的類別，通常品項繁多，沒有太多情感糾結。

別忘了從某個對你而言比較簡單的類別開始。這點很重要，我可不希望你一開始就打退堂鼓。

等你搞定了兩、三個類別，你會得到成就感。很快地，整理工作就會漸入佳境。我相信你的家人和朋友都會鼓勵你繼續下去。

我通常會從衣服下手。對我來說衣服比較容易，因為我知道衣櫃裡有不少我極少穿戴，或根本沒穿戴過的衣物。

過去我幫其他人整理遺物的時候，譬如我父母、我丈夫、我婆婆，總是從衣服開始。每個人的身高體重不盡相同，除非你知道某個朋友或家人體型跟亡者差不多，否則最好把衣服全都捐出去。

如果你從衣櫃開始，記得把所有的衣服分成兩堆。（放在床上或桌上）

第一堆要留下來。

第二堆要扔掉。

這時再看看第一堆，挑出那些需要修改或乾洗的，再把剩下的那些收進衣櫃。

第二堆拿出去丟掉或送人。

每次我看見自己的兩大堆衣服，都不敢相信那些都是我買的。不過，其中當然也包括生日禮物或聖誕禮物，不能全怪我。有些尺寸太小，有些太大。如果過去一年來你的身材變化很大，我建議你把不合身的衣服也放在第二堆。

我把所有衣服都整理一遍之後，順利清掉兩件洋裝、五條絲巾、一件外套和兩雙鞋。我孫子拿走一雙鞋，其他那些我都捐給紅十字會。太棒了！

在社會中生活，我們多多少少要看場合穿衣打扮。日常生活、節慶活動、開心或悲傷的場合。另外，衣服也能幫我們適應不同季節和各種工作環境。也許你很幸運，家裡有個所謂的衣物間。如果真是這樣，那麼你也算運氣不好，因為你會有更多衣服需要經常晾曬、清洗或照料……日後還得清理掉。

我年輕的時候讀過一篇精采文章，教人如何收拾出有條不紊的衣櫃。一個人懂得穿著打扮，並不需要太多衣服，重點在於如何謹慎選購衣物，然後妥善整理。我一輩子都奉行作者的理念。衣櫃跟你家裡其他地方一樣，也需要有條有理，如此一來，你才能迅速又輕鬆地找到需要的東西。我個人的想法是，你衣櫃裡的所有衣服都要能夠互相混搭。

如果你的衣櫃需要減量，那麼你最好花個幾小時，仔仔細細挑出那些你不需要的。我們總是免不了衝動購物，也常會買些跟其他衣服搭不上的東西。全面檢視你的衣櫃，很容易就能揪出那些異類，只留下那些你覺得真的能派上用場，或有紀念價值的東西。有時候，稍嫌單調的衣櫃裡如果有些色彩或款式特別突兀的衣物，不但看起來賞心悅目，穿在身上也特別開心。

我有一件外套，幾十年前在中國的市場跟一個婦人買的，任何場合穿都合適，卻也都不搭軋。那是各種布料拼湊起來的拼布外套，上面繡著古怪的神話動物。它色彩豐富，做工細緻，是某個想像力豐富的人利用回收布料做出來的歡樂成品。設計師會不會就是市場那位嬌小婦人？也許吧。我要留著這件外套，因為它帶給我好心情，而且我每年聖誕夜都穿它。

不過，這本書不是服裝指南……我們最好繼續研究，繼續打理、整頓、分類！

繼續分類

如果房子原本就不雜亂，整理起遺物就會輕鬆得多。我所謂的「整理」，意思是所有東西都要有固定的位置。如果你的房子一片狼藉，打掃起來會特別困難。不過，只要開始對治它，永遠不嫌遲。當你左思右想，不知道手上拿的這個東西該放哪裡時，也許你會發現，你根本不需要它。

我住的地方有個名為「樂齡網」的社團。退休人士和所有五十五歲以上的人如果想學電腦，都可以在那裡得到幫助，由退休志工或懂電腦的老人家義務指導。教我的那個人看到我電腦裡凌亂的檔案，大皺眉頭。

他看著電腦螢幕，說道：

「妳這根本是把馬桶放在廚房。」

所以他開始幫我整理檔案。當時我七十九歲了，但我得到我需要的協助，往後我在電腦上找起資料輕鬆愉快多了。

你在家裡也做得到，就算你沒有電腦，也能明白我的意思。我只是拿電腦做個比喻，因為電腦裡的檔案都可以分類，整理得井井有條。

如果連你自己都找不到，「藏鑰匙」遊戲就不好玩了

孩子們小的時候，家裡如果辦生日派對，一定會玩一種瑞典話叫gömma nyckeln的遊戲，也就是「藏鑰匙」。哇，那遊戲太好玩了！我會將一把十七世紀的古董大鑰匙藏在家裡某個地方，讓孩子們去找。那有點像捉迷藏，只是不會有某個可憐的孩子躲在櫃子裡被遺忘。所以，我把鑰匙藏好了，只要孩子們靠近那個藏寶地點，我就會大喊：

「越來越熱嘍！」

如果他們走得太遠，我就喊：

「越來越冷嘍！」

真是充滿歡笑的遊戲。可惜長大成年後，萬一早上起床找不到眼鏡，可就一點都不好玩了。你找眼鏡的時候，不會有人在旁邊幫你喊：「越來越熱嘍！」所以，就動手整頓吧！

如果你在某個房子住了很久，應該不難把家裡理出個頭緒。

然而，我卻知道有些家庭凌亂不堪（我不會把我孩子的名字寫在這裡，不過你們自己心裡有數。）雜亂的環境會讓人生起無名火。即使房子不大，家裡的人還是可能心煩意亂地到處找鑰匙、手套、證件、手機或任何東西。

這些東西有個共通點！它們都還沒找到屬於自己的歸宿。讓每件物品都有個固定位置，那麼你出門的時候就不會生氣、煩亂或著急。也不會常常站在門口嚷嚷著：「我的某某東西到哪兒去了！」除此之外，你還會有個意外收穫：洗刷遲到大王的惡名。

大多數人一星期打掃一次。你用吸塵器或拖把清潔地板的時候，可能會找到應該放在其他地方的東西。比如手套出現在鋼琴上、梳子流落到廚房、一串鑰匙躺在沙發上……

所以，打掃的時候隨手拿個袋子，或者穿件有大口袋的圍裙。只要你發現任何逃離原位的流浪物品，就收進圍裙口袋或袋子裡。等你打掃完畢，就把你撿到的東西拿給家裡其他人看，請他們把東西物歸原處。有些家庭散置物太多，袋子或圍裙口袋都不夠裝。這些家庭需要立即整頓。我經常整理房子，清理雜物，所以圍裙的口袋就夠用了。我的圍裙特別時髦，是漂亮的豹紋圖案。這件圍裙實在太好看，我想一直穿著它，連出門吃晚餐都捨不得脫下來。

家裡的玄關很適合釘幾個掛鑰匙的掛鉤，也可以擺幾個籃子或盒子，手套、帽子、圍巾都可以放裡面。如果你家有不同樓層，每層樓的樓梯口都可以擺個籃子，暫時存放要拿上樓或拿下樓的東西。當然，走路時要小心，可別一腳踩進籃子裡。

大約十年前，我曾經跟幾個人搭船出去玩了幾天。如果船上所有人都要下船超過一小時，船艙就得上鎖，可是，每次大家都找不到鑰匙，也想不起來上一次開門之後把鑰匙放哪兒去了。鑰匙在誰身上？最後一個拿鑰匙的是誰？美麗的島嶼就在我們眼前，可惜每次下船探險之前，都為了找不到鑰匙搞得大家一肚子火！如果船艙門內側有個掛鉤，我們的旅程會變得多麼興高采烈。

有時候只要小小的改變，就能帶來令人驚喜的結果。如果你發現自己一再碰上同樣的問題，想辦法解決！

一個掛鉤要不了多少錢。

絕佳對策

我第二次整理遺物是因為我婆婆過世。她生前曾經從大房子搬到小公寓，已經處理掉大部分用不上的東西。她的小公寓始終保持得格外美觀、清幽又舒適。

有個婦人偶爾會去協助我婆婆，做些我婆婆一個人做不來的事。我婆婆喊她「白雪公主」。我們從來沒看見過小矮人，幸好，白雪公主的勤奮程度比起小矮人毫不遜色。

我那些已經長大成人、自己搬出去住小公寓的孩子們，喜歡去探望奶奶。我婆婆會煮好料給孩子們打打牙祭，會跟他們說些她跟他們爺爺多年前住在日本的經歷。當時孩子們的爺爺在瑞典火柴公司上班，派駐日本。

到了大蕭條最慘烈的年代，公公婆婆帶著他們的兒子（我的先生，一九三二年出生）回歸祖國。

我婆婆是個非常能幹又有才華的女性。一九三〇年代從日本回到瑞典後，她在市區主要街道上開了一家小小的精品店，販賣從日本進口的絲綢、瓷器、精美漆器、籃子和其他器物。我相信她在瑞典首開先例，讓籃子發揮裝髒衣服和採蕈菇以外的功能。比方說，她會把籃子拿來當花器，插上一盆漂亮的鮮花。在現代花道裡，籃子的運用已經非常普遍，只要在籃子裡放只瓶子或任何合適的容器，倒些水進去即可。

這家小店名叫「富士山」。不久後，上流社會仕女開始上門。我婆婆為這些「貴婦」服務時，碰過很多開心事，也受過不少氣。

婆婆年事漸高後，每次我們去探視她，或她來家裡看我們，總會塞給我們一點東西。比如漂亮的瓷盤、美麗的桌布或色澤高雅的餐巾。她這種習慣持續很多年，直到她搬進過世時住的那間小公寓。那是她整理遺物的方式：用很長的時間，不疾不徐、平靜而友善地

送出大量物品。在此同時，也為朋友和家人的房子添點美好又實用的器物。

當時我完全沒發現她心思是如此細膩。當然，即使她考慮周到，她走後還是有些遺物需要整理，幸好數量少得多。直到今天，我仍然非常感恩她幫我們省下很多麻煩。

幸福的人們

我認識的人之中，有不少即使端坐在雜亂的房子裡，也能顯得幸福洋溢、和樂融融。我覺得那畫面簡直滑稽。我沒辦法理解這些人。

有時候我會羨慕他們，因為我如果坐在彷彿被烘衣機滾筒翻轉過的屋子裡，很難高興得起來。

我在十年之內生了五個孩子，之後我們把房子的主玄關重新裝修了一下，變得有點像瑞典的幼兒園。每個孩子都有自己的顏色，有個漆成那個顏色的置物櫃和一個專屬掛鉤，他們的戶外服裝都掛在那個掛鉤上，或收在小置物櫃裡。孩子們在戶外活動時穿戴的東西，從來不會進到客廳。把外套掛起來、連指手套放進櫃子裡，不會比把它們扔在地板上更花時間。更棒的是，孩子們可以自己找到自己的物品，永遠不需要問「媽，妳有沒有看見我的……」

尋找亂放的東西，等於是在浪費時間。

在整理遺物方面，最好也別用一屋子的龐雜來浪費親愛家人的時間。如果他們被迫要幫你整理遺物，恐怕快樂不起來。

如果你平時就養成習慣，把東西整理得有條不紊，那麼你和身邊的人整理遺物時就會輕鬆得多。

動手之前先請益

如果你決定獨力清理家裡不需要的物品，最好先找個人討論一下。這個人最好不是你的家人，對你想丟掉的那些東西沒有太多感情。

或許你也想聽聽別人有什麼建議，想知道某個跟你有相同處境的人（除了我之外）、某個比你年輕得多的人有什麼看法。也許他們的想法跟你不一樣。這是好事，能幫助你從截然不同的觀點看待你的任務，或其他兩難困境。

如果這些人住得不遠，請他們過來一趟。別忘了先列出一張單子，寫上那些想請他們提供意見的物品。沒有人喜歡呆坐在一旁，等你在腦海裡搜尋想問的問題。以下是我整理遺物曾經碰過的問題：

書本捐給什麼單位最合適？

這幅畫不貴重，卻挺漂亮，會有人想要嗎？

我可以把我的舊武士刀送給我的青少年孫子嗎？

都不是什麼特別重大或特別困難的問題，只是不妨參考一下別人的意見。

我的第三回合

我第三度挑戰整理遺物任務不是在別人的房子，而是我自己家。我相守四十八年的丈夫久病之後與世長辭。當時我既要整理他的遺物，也要思考該如何清理我自己的物品，準備換個小一點的屋子。

度過多年的婚姻生活之後，你很難適應再度單身的事實。你最喜歡的哲人、那個幫你解決問題的人不在了。他永遠不會再來陪伴你，也不會來幫你應付生活大小事。我們大多數人總有一天都會面臨這種殘酷事實，只是方式不盡相同，可能是喪偶，或不可避免地失去至交好友或家人。

我努力表現出別人希望看到的模樣：我不會崩潰，我會勇敢地活下去。不過某種程度上，我最親愛的人、最要好朋友的身影還留在我們家裡，讓我很難擺脫過去往前走。我發現我得找個新住處，某個沒有太多回憶、一個人照料得來的屋子，最好沒有大花園，沒有太多樓梯或需要整理的房間。我不再喜歡、也沒有力氣除草或鏟雪……同理可證，我對撣灰塵也興趣缺缺。

要把有寬闊花園的大房子，濃縮成附陽台的二房公寓，不是幾小時就能辦到的事。我的孩子們帶走部分衣物、書籍、工具和家具，當然還留下太多東西需要逐一分類，決定保留或捨棄。

我找來一個專業估價員，那人仔細查看了我想處理掉的東西，給我一個報價。其中一部分東西我拿出去賣掉，然後邀請朋友或親戚過來，看看有沒有他們想要的東西。之後我走到每個房間，列出裡面剩餘的物品，也清楚寫下每一項物品的處理方式。例如我在一盞燈旁寫「送給彼得」，一幅畫旁邊寫「送給海倫阿姨」。如果是某個我不知道該送給誰的東西，我就寫「捐給慈善單位」。

等這些都做完，我每個房間都分配一星期時間去清理。這樣一來，我就覺得可以自己一個人，不慌不忙地完成整理遺物的工作。每整理完一個房間，我會讓自己好好休息一下。

當然，類似洗衣間這種地方不需要用到一星期。這些多出來的時間，就可以拿來處理家裡其他事，以後搬家賣房子的時候就會輕鬆得多。

獨自整理遺物

我第三次整理遺物、清空家中物品的時候，如果我先生能一路陪著我，那就太棒了。可惜不行，因為他已經不在人世。

葬禮的時候，孩子們都回來了，可是整理遺物耗時將近一年。我一個人以穩定的速度慢慢做。我默默記住哪個孩子喜歡哪件物品，刻意把那些東西留下來，日後送給他們。其他沒人在乎的東西全部想辦法處理掉。

只要我提出要求，兒子媳婦或女兒女婿都會盡他們所能來幫忙。但我沒開這個口。我有三個孩子他們家裡都有小小孩，也有人在美國、非洲或日本工作，跟我在瑞典西岸的小房子相隔千萬里。他們來一趟就得拖家帶眷、行李大包小包，實在太費事。再者，我不喜歡麻煩別人。

獨自一個人整理那些記錄我們一家人生命（長達五十年、五個孩子，歡笑多於淚水）的物品，感覺真的非常孤單。這本來應該是我們兩夫妻一起做的事，從六十五歲開始做，也許更早些。那時我們體力更好，身體更健康。只是，人們總以為自己永遠不會死。突然之間，我的靈魂伴侶走了。

事後想想，我自己一個人做或許比較好，對我來說比較容易。

如果我丈夫陪著我一起做，恐怕要花好幾年時間。男人傾向留住大部分東西，捨不得丟，連一些最小的東西也不放過。他們覺得每件物品都有派上用場的一天，有時候也確實如此。

如果孩子們來幫忙，他們會想保存所有的東西。所有東西！或者，至少他們對於什麼該留、什麼該丟，會有牽扯不清的相反意見。

因此，由我親力親為終究還是最恰當。話說回來，如果你的孩子一點都不忙，那就別客氣，盡量找他們來幫忙。

如何跟長輩討論整理遺物這個話題

我年輕的時候，直接對長輩（包括父母）說出自己內心的想法，是不禮貌的行為。尤其如果長輩沒問你的意見，而你主動提出來，更是大不敬。有話直說、心口如一，會被視為無禮。

這就是為什麼那個時代的成年人——包括我父母那一代和他們的父母，永遠不知道年輕人心裡在想些什麼。父母和孩子沒有機會好好了解彼此。這種事實在蠢斃了，而且很悲哀，錯失了不同世代之間互相了解的機會。再者，死亡或如何面對死亡這些話題，很少拿出來討論。

今天，我們通常認為誠實比禮貌重要，至少我們願意二者並重。我覺得時下年輕人不像我那個世代那麼「委婉」、那麼懂得有所保留。對所有人而言，這也許是好事一樁。為了不傷害別人的情感，委婉有時也是頗為重要的優點。只是，畢竟我們或早或晚都得面臨死亡，討論這種話題的時候，也許需要拋開一些顧忌。時至今日，我們可以更輕易地問父母或任何人：將來你沒力氣或沒興趣再照料這些東西的時候，你打算怎麼處理？

父母經年累月堆積下來的物品，經常讓他們的成年子女傷神。子女們會擔心，萬一父母沒有事先處理掉那些東西，這個重擔就會落到他們頭上。

如果你的父母慢慢老去，而你很難開口問他們那些東西該如何處理，我建議你去探望他們，坐下來，溫柔地問他們：

「家裡漂亮東西這麼多，你們有沒有想過以後要怎麼處理？」

看看他們怎麼說。

接下來你還可以問他們：

「你們喜歡家裡有這麼多東西嗎？」

「這些年來家裡多了不少東西，如果把其中一部分處理掉，你們的生活會不會更單純、更輕鬆？」

「我們可不可以想個辦法慢慢開始整理，免得將來你們不住這裡的時候，東西太多？」

老人家走路通常不太穩，地毯、堆在地板上的書或屋子裡散置的雜物，都可能威脅到他們的安全。或許你也可以從這個話題切入，問問他們，地毯會不會有點危險？

也許就是這種時候，委婉還是很重要。盡可能用最溫柔、最體貼的口吻提出這些問題。也許你一開始問的時候，父母會閃躲，或顧左右而言他。鍥而不舍問下去。如果他們自始至終都拒絕討論，那就讓他們沉澱一下，幾個星期或幾個月後再回去，換個方式重新提問。

或者講電話的時候順口提及。你也可以告訴他們你想要家裡某些東西，能不能現在就拿走？等你把東西拿走，也許他們會覺得輕鬆許多。這麼一來，他們或許會體驗到提前整理遺物帶來的好處。

如果你太擔心會對父母有點「不禮貌」，不敢提起這個話題，也不敢鼓勵他們去思考家中物品如何處理，到時候那些東西全變成你的責任，可別怪我沒提醒你！

你親愛的家人希望你留給他們美好的事物，而不是你所有的東西。

維京人了解整理遺物的奧祕嗎？

偶爾我會覺得，在我們祖先維京人的時代，活著或死亡好像都簡單得多。

維京人埋葬親人的時候，會順便把亡者的生活用品一起陪葬，確保亡者到了新環境不會缺這少那。如此一來，生者也不會因為帳篷或泥屋裡到處都是亡者的物品，成天睹物思人，總覺得亡者音容宛在。聰明極了。

同樣的事如果發生在今天，你能想像那種場面嗎？現代人擁有太多 skräp（瑞典話的「垃圾」），他們的墓地恐怕要像奧林匹克游泳池那麼大，才能帶走所有東西！

只要記住快樂時光

阿巴合唱團（ABBA）的主唱安妮・林斯塔德（Anni-Frid Lyngstad）曾經唱道：「只要記住快樂時光，忘掉所有哀傷……」這很重要，多給自己創造一些幸福時刻，那些以後都會變成美好的回憶。

瑞典的海岸線特別長，所以帆船運動非常普遍。以前我們一家人也經常駕船出去玩，帆船更是家裡的熱門話題。我們的晚餐經常演變成虛擬帆船賽。我們會盡情發揮想像力，把刀叉變成各自的船隻，叉子和湯匙相互撞擊，芥末罐是迴轉標。眾人抵達胡椒研磨器和鹽罐之間的終點線之前，總免不了一場惡戰。

我們興奮地聊著最近那場比賽，笑看自己駕船時的弱點，之後，我們想起孩子們的爸爸，也會流下感傷的眼淚。

我決定搬家以後，曾經問過孩子們，看他們哪個人想留下那張我們舉辦過無數假想帆船比賽的餐桌。他們都說不要。

幸好，在我準備把餐桌捐出去時，有個孩子突然買了新公寓，需要

一張餐桌，現在那張餐桌就在那裡。我很高興這個孩子會經常想起餐桌上那些帆船比賽，或許也會跟他的孩子舉辦更多虛擬競賽。

就算孩子們都不要，那張漂亮餐桌也會去到別人家。你可以希望或等待某個人來接收你家裡的東西。但也不能永遠等下去，有時候你就是得把自己珍愛的東西送走。只希望那些東西會遇到同樣珍惜它們的新主人，跟他們共創全新回憶。

樂觀型小船

孩子們離家多年後，我們還留著早年用來教他們操控帆船的小木船。那艘船不至於妨礙我們的生活，而我們也捨不得送走它。一來這艘船承載太多美好回憶，二來我們覺得哪天有了孫子，用它來教孫輩駕船，應該非常有意思。我們暫時還不想跟它道別。

我們後院有一座典型的瑞典式紅色穀倉，白門白窗條。小船在穀倉裡找到棲身之處，靜靜等待我那些孫子的到來。木船比較嬌貴，幸好穀倉不算太潮濕，也不會太乾燥，所以它在那裡耐心盼了好些年頭，接受穀倉的細心呵護。

最後，那些孫輩對帆船運動似乎興趣缺缺，我們只好把船賣了，覺得很可惜。我的孫輩都上過帆船課程，但他們多半只對翻船時如何自救的課程感興趣。水中求生課程當然很重要，操控帆船卻也樂趣無窮，可惜他們都沒有同感。

那艘船是「樂觀型帆船」*，是初學者專用船型。那艘小船如果能說話，它說出來的故事一定叫人難以置信：有勝利的榮耀與失敗的懊喪；有它帶著人們遊歷過的海洋、島嶼與峽灣美景。

我特別記得我們駕車到法國參加帆船比賽的經過。我們全家兩大五小，外加孩子們的朋友共八個人，帶著四艘樂觀型小船。其中一艘小船放在車頂，另外三艘在車子後面的拖車裡。我們抵達比利時根特（Ghent）的時候，天色已經變暗，我們不知道該往哪個方向走。

我們看見路邊有個警察坐在摩托車上。我先生把車停下來，搖下車窗向警察問路。警察看看我們的小船，又看看車子裡那六張好奇的小臉蛋。他拿起哨子一吹。突然之間，另外三名警察騎著摩托車來到。於是警用摩托車兩部在前、兩部在後護送我們穿越城鎮。你能想像當時的我們有多興奮嗎？如果沒有那艘小船（和它的朋友們），我們就不可能有這麼奇妙的經歷。

因此，不難理解我們多麼不願意賣掉小船。不過這件事教會我們，不要緊抓著沒人要的東西不放。

* Optimist dinghy，一種專為六到十五歲兒童青少年設計的學習型小船。最早由美國的 Clark Mills 在一九四七年設計，一九五四年再由丹麥人加以改良，一九六五年正式列入國際比賽的標準船型。

女人的工作

有時候我會納悶，男人如何適應喪偶後生活。我這一代的男人通常適應得不太好，特別是那些被老婆侍候得太舒服的男人。他們幾乎連水煮蛋都不會，更別提縫鈕釦了。我丈夫可以做些日常生活的雜務，比如簡單的烹調或縫縫補補。我父親生前是個醫生，殺魚技術一流，可以把他釣到的魚處理得乾乾淨淨，簡直像對那些魚動過手術。他切下來的魚片保證找不到半根刺！可是他會煮嗎？不會。

曾經有很長一段時間，鰥夫們的最佳解決方案就是，趕緊再討個老婆，找個人來洗衣服、燙衣服、料理三餐，解除餓死危機。

根據我的觀察，下個世代的男人萬一喪妻，應該可以應付得比較好。瑞典有很多年輕男人喜歡裁縫和編織，也有人煮得一手好料理，調製的美味佳餚能讓人食指大動！而且，如果他們要在襯衫外面套件毛衣，就不會笨到浪費時間燙整件襯衫。他們知道自己只需要平整的衣領和袖口。等這年輕的一代變老，他們擁有的技能將對自己大有好處。

整理遺物傳統上都是女人的工作。畢竟家務向來都是女人在打理，而且她們通常活得比男人久。何況我們向來都得幫孩子和先生收拾善後，原本就習慣打掃。

我這個世代的女人從小就學到，不要造成別人的困擾，所到之處不要留下任何痕跡。男人就不同了，他們無論置身何處，總是顯得那麼理所當然。我女兒偶爾會告訴我，我常常太擔心麻煩別人，這份擔心本身反而造成別人的困擾。男人的思維跟我不一樣，其實他們真該跟我學學。他們也會礙著別人。

別忽略你自己

在整理遺物的同時，千萬別忽略了當下的生活：你的家，或許你有花園，還有你自己。

如果你打算清掉無用物品，別趕時間。可能的話，最好以最適合自己的速度慢慢進行。這件工作做起來趣味盎然，偶爾也挺累人。最重要的是，不要超出自己的負荷。

想到自己動手整理可以省下不少錢，又可以幫那些將來可能被迫幫你整理的親友省下寶貴時間，你就會覺得自己做的事非常值得。

另外，或許你跟我一樣，會發現自己擁有很多好東西，希望拿出去跟別人分享，讓別人享受擁有這些東西的樂趣，也繼續替你照料它們。

然而，現在不該沉浸在回憶裡。不可以。這時候，未雨綢繆更為重要。想像未來的日子會過得更輕鬆、平靜，你一定會喜歡的！

把整理工作視為每天的例行公事，空閒時盡情去享受那些你愛做的事。跟朋友聚聚、做公益、玩法式滾球遊戲或撲克牌。曾經有位女士抱怨說，橋牌不好玩了，因為有兩個牌搭子已經不住在地球。這當然是很感傷的事，不過你也可以多認識年輕人，找他們打橋牌。只要你伸出手誼的手，年輕人也會喜歡跟你做朋友。另一個好處是，他們不會成天聊些助聽器之類的沮喪話題。

你可能還得留些時間，找醫生檢查眼睛、牙齒或做個身體檢查。這些都很花時間。

整理遺物的過程中，我有機會接觸到拍賣官、古董商、中古商和慈善機構，認識了一些有趣、搞笑又善良的人。

保留體力才能安享晚年，所以要趕快開始減少家中物品。遲早有一天你身體會開始虛弱，到那時，家裡才不會有太多東西需要維修、太多雜物需要收拾。省下精力來享受那些你還能做的事，會是一件開心的事。

偶爾我也確實會想念我的花園。但我不得不說，欣賞別人的花園輕鬆得多。如果哪個人想學習或討論園藝，他們可以來向你討教，你照料花花草草的本事還在。

搬進小房子

最近我在一份美國報紙上讀到一篇文章，說現在有一種新興行業，專門協助老人家清理多餘物品，依照老人家的意願打理他們面積變小的新家。我覺得這是不錯的點子，只是當我看到這些人的收費標準，不免擔心帳單上的數字；細心謹慎、思慮周詳的整理需要花上很多很多小時。

聘請這樣的專家，也會讓整理過程變得非常快速（因為時間越久越花錢），結果你沒辦法靜下心來深思熟慮、好好規劃未來的家。別忘了，你可能還得活好幾年，所以更要詳細評估所有的東西，想想看哪些你要保留，比如家具、織品、書本、畫作和燈具等。

當然，整理的方法多不勝數。也許你有不錯的模式可以遵循，如果沒有，以下是我自己覺得最輕鬆簡便的方法：

我為家裡每個房間或空間命名，填在一張畫有格子的紙上。格子裡分別寫著「送人」「丟棄」「留下」「搬走」等字樣。這樣一來，當各個單位（比如老人會、紅十字會等）來拿東西的時候，我才記得住哪個東西要送去哪裡。

我把房子賣掉以後，新屋主想買一部分家具。於是我就把這些東西登記在「留下」的格子裡，也給那些東西逐一貼上標籤，上面用紅筆寫著「留下」二字。

不久後，我在另一個城鎮找到一間二房公寓。我年輕時在那個地方住過，那裡還有朋友，我有兩個孩子也住在那裡。

我不打算自己打包或搬運，那麼就該找至少兩家搬家公司提供書面報價單。不過，在我敲定搬家公司以前，還有一些準備工作要做。

畫出新家的平面圖

我跟搬家公司簽約以前，有先到新家走一趟，仔細丈量所有空間的尺寸。仲介提供的平面圖通常不夠準確，而你需要準確的數字。你不妨想像，當搬家工人費力把一大座五斗櫃搬到樓上，卻發現櫃子比門寬了五公分。白白浪費了時間，你跟搬家工人也都會很懊惱。

所以我先買一疊方格紙，把公寓的平面輪廓畫在上面。我也量好所有打算搬進小公寓的家具，在另一張方格紙上把它們畫成正方形或矩形，標上名稱，方便我記住它們各自代表什麼，而後一一剪下來。

接下來，我只要把那些方塊或矩形在平面圖上挪來移去，輕鬆自如地安排家具。當然，我的小公寓裝不下我剪下來的所有紙家具。不過最重要的是，先確認我想要搬到新家的那些東西都有地方放。

放不進新家的物品，就再走一次我處理掉其他東西的流程。先問我的孩子們，再來是拍賣官，然後是朋友和鄰居，以此類推。

搬家前一天，我再次確認要留下來的東西都貼了標籤，免得搬家公司把我不需要或放不進我公寓的東西給搬過來。還有一件重要的事，就是更換我的地址，再把水錶和電費帳單換成新屋主的名字。

由於我已經知道每樣東西要擺在哪裡，搬家變得非常輕鬆愉快。我也覺得特別開心、特別滿足，因為我搬進去住以後，不必再麻煩別人來幫我移這個搬那個。

家

我十年前從瑞典西岸搬到斯德哥爾摩。當時我做了正確決定，讓自己從容不迫地搬出舊居。我慢慢計畫，構思我理想中的未來生活。

這棟新公寓大樓有個漂亮中庭，花木扶疏，綠意盎然；有戶外座椅區、兒童遊戲區、自行車架和停車場，供住戶自由使用。有一間價格平實的訪客公寓可供短期租用，洗衣房設備齊全，交通也便利。買或租房子之前，一定要考慮那房子的生活機能符不符合你的需求。

我應該不會再搬家了，不過既然我已經八十有餘、一百不足，不妨再把家裡的東西整頓一下，列個清單。我衣服太多，書也太多。我的餐桌只能坐六個人，那麼我就不需要十六個餐盤。再者，我的桌巾和餐巾應該也可以再少一點。

我買了一台操作簡單的小型碎紙機。我要找個時間檢視過去的信件和其他已經不重要的文件。我曾經跟我先生一起經營事業，留下不少文件，當然也有其他金融機構或銀行的往來資料，以及無數貨單，收據就用釘書針釘在上面。整理遺物時我發現一件事：我討厭釘書針。

我先生天生愛整潔，在當時這是好事。可是，如今釘書針變成一個大問題。我必須一根一根移除這些可惡的小金屬，否則它們會損壞我寶貴的碎紙機。如果當初用的是膠帶，現在我就輕鬆多了。下回用釘書機的時候，記住我的教訓。

有關堆積物品的幾點看法

我一輩子都在畫畫。幸運的是，當畫家有個好處，你畫的東西通常都會離開你。這一路走來，我慢慢地把作品賣出去或送人，跟我創作的速度大略一致。後來我開始清理東西的時候，找出了一些我不太滿意的作品，我之所以留著它們，是因為我還想做點修改。我的新家沒有空間可以收藏這些畫，所以我把它們全扔進火堆。

也許是因為我一輩子都習慣把畫賣出或送走，所以我很能割捨得下所有身外之物。

我們一輩子竟然可以累積這麼多東西，想想實在不可思議，也有點奇怪。

物品

我們的廚房裡充斥著頂級咖啡機、高速調理機和科幻片般的深淺鍋具這類新時代電器用品，但我們也還留著舊式咖啡壺、攪拌機和小燒鍋。浴室裡可能會有夠用十年的最新款眼影，或上一季的所有指甲油。藥櫃裡八成塞滿沒人要吃的最夯維他命，或老早過期的藥品。就連桌巾和床單也講究時髦，即使舊的還沒用壞，我們通常也會再買新的。

我們覺得去年的殖民風深色原木和竹製家具退流行了，必須換成今年潔淨純白、線條筆直不花俏的北歐極簡風。否則的話，我們會覺得這房子沒辦法住人。這當然是一種浪費行為，但只要我們在採購新品以前，先把去年的東西處理掉，問題倒還不算嚴重。

這種瘋狂消費行為我們大家都有份，也遲早會毀了我們的地球。不過，至少我們可以避免它在我們死後，毀了我們跟親人之間的關係。

在你居住的都市裡，如果人們更新廚房與衛浴設備像我淘汰舊毛衣一樣頻繁，你就會看見馬路邊的垃圾車裡滿是浴缸、水槽和馬桶了。只要房子的新主人決定讓新居展現自己的風格，那麼屋子裡的一切都得更新。而距離上一次更新可能才短短一、兩年！

如果你活到八十有餘、一百不足，跟你同年齡層的人之中，恐怕沒有幾個人想要或有那份心力做這種大規模裝修，也不會有太多人在乎住處能不能符合自己的風格。這是整理遺物的另一個好處：你會多去思考該如何重複使用、回收，如何讓自己的生活簡單一點，規模小一點（該說小很多）。清簡生活能讓人放鬆。

衣服

當你年紀越大，生活型態會有所不同，你對某些衣物的需求也隨之而變。等你發現自己再也不會使用那些比較適合滑雪、跳芭蕾舞，甚至潛水時穿戴的裝備，你一定樂意把它們賣掉或送人。

我曾經在某個天氣晴朗、陽光普照的冬日，穿著比基尼去滑雪。當然，正如我們通常不會穿雪靴去游泳，泳裝可以穿上阿爾卑斯山也是挺古怪的念頭。那麼，等你老了，你該保留哪一樣？當然是泳裝。

各種年齡層的人都會採買大量衣服，倒不是因為我們需要那麼多，而是新衣服可以讓我們開心一陣子。我們心情會變好，覺得自己更迷人，只要想到新衣服能夠完美襯托我們，就會得到滿足感。跟我同年齡的男人多半沒有衣櫃爆滿的困擾，他們簡直是天天穿制服。不過，時下的年輕男人好像對衣飾和時尚相當感興趣，所以說，將來他們也會像這個時代的女人一樣，要為整理衣櫃而傷腦筋。

我發現如今好像沒有人在補衣服，那些有破洞和補丁的長褲反而賣得最貴。我覺得新一代年輕人需要學習縫紉，學著補衣服，也算幫我們的地球一

個忙。市面上二手精品店有越來越多的趨勢，實在太好了！那些商店裡的商品甚至被稱為「珍藏品」。不過，如果訪客穿著你的舊衣服上門來，你會有什麼感覺？這種事我還不太習慣，也還沒想好萬一哪天碰到那種情況，該做何反應。

最近我參加過一場派對，賓客裡有不少年輕人。有個女人穿著一件漂亮洋裝走進來，我讚美她的衣裳。她告訴我那是二手衣，自豪的神態像在炫耀迪奧（Dior）名品。所以說，也許社會風氣在改變。地球終究還是有希望！

關於童裝

很久以前我還小的時候，我們有自己的裁縫，當時的習俗就是這樣。她的工作是幫我和我姊姊量尺寸、做新衣。

安德森太太總是大清早來到我家，趁我們上學前幫我們量尺寸。她每一季會在我們家工作個幾天。

過去我經常幫孩子們縫補衣裳，到現在還記得冬天時他們喜歡滑雪橇下山，如果臨時找不到硬紙板墊在屁股下，回家時長褲就會多幾個破洞。

有時候你很難把孩子們的衣服清理掉。就我個人而言，那是因為那些衣服實在又小又可愛。再者，如果你拿出一件小不點衣服，跟一個身高二百公分的年輕人說：「這是你的衣服。」實在好玩極了。

之後，等那個身高二百公分的年輕男子當了爸爸，看見孩子身上穿著自己小時候穿過的衣服，應該會覺得特別窩心。過去的童裝質料比現代好得多。我記得我母親喜歡幫我的孩子們做嬰兒服。她用做手帕那種柔軟布料幫孩子們做衣裳，把接縫都留在外面，免得刮傷寶寶的皮膚。我把其中一部分留下來，收在閣樓的箱子裡，以備哪天上天賜給我可愛的小孫子。沒想到孫子遲遲不來，於是我把箱子從閣樓拿下來，告訴我那些已婚的懶惰小孩我心裡在想什麼。這招還真管用。現在我已經有八個孫子，閣樓裡已經沒有嬰兒服了。

只不過，如果家裡的孩子不再需要那些舊衣服，最好的辦法當然還是捐給慈善機構。

書本

我們一家人都喜歡看書，也喜歡收藏書本。聖誕節禮物如果沒有書，收到的人會十分失望。

書本通常不容易賣得掉。我建議你請家人或朋友過來看看你不想保留的書，喜歡的就讓他們帶走。有些書的空白處留有你認識的人寫的筆記。基於情感因素，這種書比較難割捨。我的建議是，在把書送走之前，最後再讀一次書本內容和筆記。買二手書的時候，我通常會刻意找那些空白處有陌生人筆跡的書，這樣的書本特別有味道。所以，請放心把寫了筆記的書本送出去。

如果你有一整批同一主題的書，例如藝術、園藝、烹飪、科學，或者像我一樣，有一批航海書籍，也許可以找到同好來買。

除了消遣的書籍，大多數瑞典家庭書架上都備有一套百科全書。如今有了網路，我覺得我不再需要一整套百科全書，我的新公寓沒有空間存放。於是，我搬家的時候打電話給附近的學校，他們願意接收那二十八本（大約）又厚又重的書。我實在太開心了，就順便送給他們一座書櫃。

我只留下我還沒讀，或經常需要查閱的書。我經常查閱的多半是藝術類書籍，或者像是字典、同義辭典和地圖集之類的。

我搬家前整理東西時，最難處理的書是《聖經》。我打電話給當地教會，可是他們不需要，即使是皮革裝訂舊版《聖經》也一樣。他們也沒辦法給我處理方面的建議。最後我留下兩本，因為這兩本的封面內側，有人寫了我娘家和婆家祖先的生日和忌日。其他的我只好扔掉。我也不明白自己為什麼會這麼難受，也許是因為這些《聖經》曾經帶給那些我雖然沒見過、卻跟我有某種關係的人安慰吧。在一個《哈利波特》和其他暢銷書還沒問世的年代，書本跟它的主人之間有著更深厚的關聯，這些《聖經》因此也曾受到鍾愛。

每年八月十四日是斯德哥爾摩一年一度的書市。市中心區有一條長街會擺滿桌子，桌上都是人們想出售的書本。對於那些有書想脫手，或想買更多書的人，這都是特別美好的一天。如果你住的地方沒有這樣的活動，或許你可以設法籌辦一個。

廚房

我有個女兒在她家廚房掛了塊牌子，上面寫道：「我接吻的功夫比煮飯好！」對於她的客人，這是恰如其分的提醒，因為等待著他們的，會是一頓驚奇連連的晚餐，可能有驚喜，也有驚嚇。我喜歡煮料理，雖然我絕不是星級主廚，這輩子也收集了不少廚房器皿，這下子我得好好想想該拿它們怎麼辦。

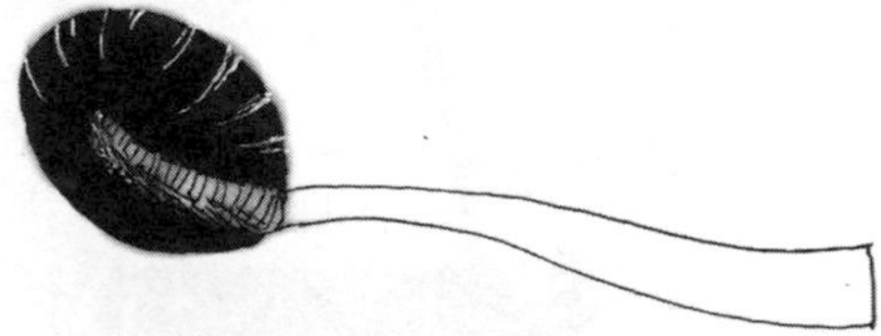

早年我住在亞洲的時候，買了不少我從沒見過、實用又美觀的器皿。比如瓷湯匙，喝熱湯太好用了，不會燙傷嘴唇。還有幾枝椰殼做的長柄勺，適合煮湯、燉菜或調理沙拉。我也有一個小小的竹編濾茶器，實在太脆弱、太漂亮，不適合天天使用，但做工非常精緻。經過二十多年，這些東西還是美麗如昔。這些小東西倒是不難送出去。

可是我還有一口大炒鍋！是用非常薄的金屬片打造而成，黑不溜丟，適合拿來油炸或煮湯，特別是煮亞洲料理時。照顧這種鐵鍋必須像對待小嬰兒，每次使用後都得徹底清洗、擦乾，偶爾還得抹點油，避免生鏽，特別是濕氣重的時候。

在新加坡時我曾經應邀參加一場茶會。出席者都得戴帽子，這是規定！當時我已經二十年沒戴過帽子，衣櫃裡的帽子陣容有欠堅強，實在不知如何是好。

後來我看見掛在瓦斯爐上方釘子上的鐵鍋，就拿下來戴在頭上，用膠帶在前緣貼了朵蘭花當成裝飾，隨便取一段粗繩綁在下巴固定它。你相信嗎？我得了第一名，獎品是一瓶漂亮的玻璃瓶裝夏柏瑞麗（Schiaparelli）香水「震驚」（Shocking）。哇嗚！

我有個兒子和他太太開心地拿走那口鐵鍋。他們喜歡做菜，我猜鐵鍋煮出來的菜餚別有風味。更特別的是，他們家有瓦斯爐，也有另一種使用鐵鍋的場合，那就是戶外烹調，因為鐵鍋需要直火加熱。我知道他們有適合使用這口鐵鍋的條件，因此更放心把鍋子交給他們。把東西送走之前，務必先思考一下物品的新家究竟適不適合。別把東西送給不感興趣的人或不合適的環境，那會造成對方的負擔。他們可能會怕傷你的心，不好意思跟你說：「不，

謝謝。」

如果某項物品你不想賣掉、不想給慈善機構，也不想扔掉，就多用點心思幫它找個新家。如此一來，你跟收到它的人都會滿心歡喜。知道某個東西有個新家，能夠繼續發揮功能，也是一大樂事。

當你有以下兩種情況時，就得處理掉一部分餐具。一、你可能要搬到比較小的房子，沒有足夠的儲存空間。二、你繼續住在原來的地方，可是你的餐盤、玻璃杯、馬克杯或叉子的數量超出你的需求。

如果你還有機會宴請賓客，我建議你保留一組數量跟你的餐桌座位一樣的餐盤，刀叉和各種杯子也比照辦理。如果你想裝飾餐桌，盡量使用鮮花或鮮豔的紙餐巾，不要用不同款式的餐盤或各種色調的餐巾布。

我還留著幾個別致的日本餐盤，也還在使用，將來會留給我的孩子們。其他比較普通的餐盤和多出來的杯子都已經捐給慈善單位了。

烹飪書與私房食譜

以前我廚房比較大的時候，我有一座專門擺放烹飪書籍的書櫃。如今我查找食譜大多使用網路，只要在Google輸入我想煮的那道料理名稱，馬上就得到好幾個食譜，搭配的圖檔一幀比一幀更讓人垂涎三尺。太神奇了！

目前我手邊只剩下兩本真正的食譜書。我所謂「真正的」，意思是那種你可以拿在手上一面翻查，一面思考該做什麼料理的書。其中一本算是我多年來親手做出來的，裡面都是親友給的或從報紙上剪下來的食譜。這些食譜我陸續淘汰不少，比如做起來太費時的，或者蛋糕和餅乾配方。如今我沒興趣在廚房裡站幾個小時了，至於餅乾，雖然孩子們超愛，但我實在不是「餅乾怪獸」，也不特別喜歡。不過，書裡還是有些珍貴祕方，例如我母親的肉餅、我婆婆拿手的Gaffelkakor（一種以叉子壓出條紋的脆餅）、我以前的鄰居安德莉亞的玫瑰果果醬，和其他幾道我最喜歡的食譜。這些料理既好吃又稀有，而且會喚起我的孩子們的兒時記憶，所以將來我的孩子們可能會想留著，以便在自家廚房烹煮熟悉的味道。

我保留的食譜之中，有三道是多年前在我父親的廚房抽屜找到的，是我小時候家裡的廚子用整齊字跡謄寫出來的。她人很和善，我還記得小時候她會讓我坐在廚房看她烘焙，通常還會賞我幾顆葡萄乾，可能是為了讓我閉嘴，即使效果很短暫。她留下紀錄的三道料理是醃菜、炸鮮魚和法式牛排。她煮過的其他料理的食譜，則是安穩地保存在她腦海裡。

我的第二本食譜書來自新加坡。我們曾經在那兒住過六年，那時我跟許多朋友一起蒐羅食譜集結成書，義賣做公益。我手邊這本已經翻得稍嫌破爛，裡面滿滿都是迷人的食譜，是來自世界各地的女性——包括一個男人提供的。包括南美洲的醃漬生魚片、馬來西亞的羊肉咖哩、瑞典韋姆蘭省（Värmland）的蛋糕，也有調製一流新加坡司令調酒的祕訣。（我個人覺得，這種調酒的味道有點像把食櫥裡的剩餘東西全倒進去的大雜燴，不過，應該也適合這本書口味包羅萬象的風格！）

裡面也有墨西哥的餅乾、前捷克斯拉夫的裸麥麵包等等。很多食譜提供者經常宴請賓客，顯然非常得意能分享代表他們祖國的美食，所以我們才蒐集到那麼豐富的內容。時至今天，我只要翻開這本書，依然能體驗一趟環球美食之旅，順便回想那個時期結識的眾多有趣人物。

我們重新回到我的故鄉、瑞典濱海省分布胡斯（Bohuslän）之後，我曾經想蒐集當地婦女珍藏的古老烹飪祕方，例如採用當地食材烹調的美食，或代代相傳的食譜。現在我恐怕沒有時間做這件事了，也許哪個人看到這裡，收到我的暗示，願意動手去執行。必須馬上執行！這是刻不容緩的事，這些婦女年紀可能比我大。

印刷食譜書無論陪我走過多少年，我都能夠毫不猶豫地把它們清理掉。我最想保留下來慢慢欣賞的，是那些私人食譜和藏在背後的故事。我在布胡斯的隔壁鄰居叫安德莉亞，她丈夫生前是個漁夫。我跟安德莉亞很要好，我曾經幫她畫過一張畫像，搭配盛開的四照花（dogwood）。四照花很像木蘭，但樹型比較大，花朵多如繁星，堅強又美麗，就像安德莉亞。她有不少美味食譜，我想在這裡分享幾道：玫瑰果果醬、甜菜根雪利酒和布胡斯經典乳酪蛋糕。

某天下午，安德莉亞邀請我過去品嘗她的甜菜根雪利酒。酒汁是美麗的琥珀色，口感無比滑順、溫潤又美妙。那天她也告訴我，漁家寡婦的傳統習俗。她說丈夫過世後，她每天早上會拿一點吃剩的粥，放在過去她丈夫的漁船停泊的地方。不久就會有一隻海鷗飛過來，享用她供應的早餐。她說那隻海鷗就是她亡夫的靈魂。每次我看到海鷗，就會想起這個故事。

我自己的丈夫在某個初夏晴朗天氣裡入土為安。他的小孫女穿著鮮麗洋裝，神情莊嚴肅穆。男孩們爬上墓園矮牆，端坐在上頭。有人朗誦一段弗朗茲·本特森（Frans G. Bengtsson）的詩。本特森是我丈夫非常喜愛的瑞典作家兼詩人，那首詩篇名是〈瞪羚〉（*A Gazelle*），最後幾句如下：

海鷗懂得適時休憩喘息。
地球上的人類，心靈卻始終奔忙勞碌。

一隻海鷗幼鳥緩步走在我丈夫墳墓旁的碎石子路上，我不禁莞爾。

安德莉亞的玫瑰果果醬

材料：

玫瑰果1公斤
水600毫升
白醋150毫升
糖500公克
丁香5—10顆
肉桂棒1根，壓碎

做法：

玫瑰果對半切，用小湯匙挖出裡面的籽。水中放入糖和香料加熱，等水開後，放入清洗乾淨的玫瑰果，持續煮到漿果軟化。放涼倒入玻璃瓶，蓋上蓋子。不需要冷藏。

甜菜根雪利酒

材料：

水4公升

甜菜根 1公斤

糖2公斤

葡萄乾250公克

酵母100公克

黑麥或其他麵包2片（不要用白麵包）

做法：

甜菜根放進水裡煮軟。瀝出煮甜菜根的水，倒進碗裡，加入糖和葡萄乾。把酵母菌像塗果醬一樣塗在麵包上，放進甜菜根水裡。覆蓋起來靜置一個月。其間大約每星期攪拌一次。最後過濾裝瓶。享用吧！

布胡斯經典乳酪蛋糕

材料：

牛奶4公升
重乳脂鮮奶油600毫升
酪奶400毫升
蛋8—10顆
糖50公克

做法：

將所有食材放入平底深鍋。慢火加熱，時時以木勺攪拌，避免底部焦掉。加熱過程必須密切注意，不要煮到沸騰。當汁液變濃稠，把平底鍋移開五到十分鐘，之後再繼續加熱。切記不能煮沸！

以有孔長柄勺把煮好的奶蛋糊移入模型或蛋糕盤。模型或蛋糕盤必須有小孔，方便多餘液體滲出。

你可以在每一層奶蛋糊之間撒糖。不撒糖也無妨。靜置四小時。

如果不加糖，食用的時候可以搭配醃漬鯡魚或燻鮭魚。加糖的蛋糕搭配黑莓果醬，就是一道非常可口的甜品。

東西、東西，更多東西

我特別鍾愛諸如非洲木雕禽鳥這類漂亮東西，會唱歌的磁鐵豬這種怪東西，或會揮手的太陽能玩具熊這種好笑玩意兒。物欲真是我的劣習。其實你賞玩之餘，不一定要把這些東西都買回家。我是花了很長一段時間才體悟到這點。讓自己學習只用眼睛欣賞，不要掏錢購買。做起來雖然有點難，卻相當值得，也是對自己的絕佳訓練。你本來就沒辦法把喜歡的東西全帶回家，不如設法控制自己的占有欲。

上面列舉的那些都是小東西，一點都不難送出去。如果朋友請你吃午餐，別買鮮花或新的禮物，送她一件你珍藏的小東西。

平時我瀏覽室內裝潢雜誌的時候，偶爾會覺得膩得慌！雜誌上那些屋子裡的家具，看起來好像都是從同一家公司買來的。色澤平淡、毫無特色、完美無瑕，沒有一點吸引力。太多裝飾品整齊排列，叫人目不暇給，或者拼湊出怪異又造作的組合。我不免納悶，有誰願意打掃這些東西。

不過，也有很多值得我們效法的居家裝飾。簡單幾件美觀、實用的家具。最啟發人的屋子往往也最容易打理。我沉思冥想一番，也重新審視自己的住處。或許我會多清理掉一些東西！

如果是你的祕密，就別讓它曝光

（或者：如何清理祕藏品、危險物品和祕密）

我父親曾經更換執業地點，搬遷時碰到幾件煩心事。他是醫生，診所裡收藏著所有患者的病歷表，當然得要用最安全的方式處理。所有病歷資料如果不是手寫，就是用他的雷明頓打字機打出來的，因為那時還沒發明電腦。正因如此，他輕易就能銷毀所有檔案，不留一絲痕跡。我們在鄉下的家把所有病歷都扔進廢棄油桶，放把火燒了。

另一個問題是存放在他書桌抽屜最內側的一個小包裹。裡面是一大塊砒霜！那塊砒霜是早年因為擔心德國入侵準備的，已經放了將近三十年。我想不通父親為什麼遲遲沒有把它處理掉，也許他忘了吧。或者他覺得家裡放點毒藥沒什麼害處。我把那塊砒霜送到藥房的時候，藥劑師一臉困惑，但他還是收下了。

我清理父母房子的時候，還發現一件叫我一頭霧水的事。我母親有一座專門存放織品的大櫃子。剛燙好的毛巾和餐巾就放在最底層，確保每一件都能平均使用到。我在一疊枕頭套的抓縐飾帶後側，發現她的劣習：好幾包香菸。

究竟何謂劣習？我猜是對我們沒有好處的習慣。如今我們離不開手機、遊戲和其他許多物品，這些東西跟香菸盒不一樣，就算我們死了，也不容易被揭發。

也有人衣櫃裡塞滿他們偷偷喝掉的琴酒和威士忌空瓶。人死後往往留下很多八卦，變成人們茶餘飯後的閒聊話題。

或許爺爺抽屜裡藏著女用內衣，奶奶衣櫃裡的則是假陽具。話說回來，那些又有什麼關係？他們都已經作古，如果我們真的愛他們，就不該為這些事大驚小怪。只要不傷害別人，我們不妨擁有各自的小癖好。

不過，如果我們事先幫自己整理遺物，走的時候不要留下太多那類物品，或許也算是為那些替我們整理遺物的親人做點事。

只留下你最喜歡的假陽具，其他那十五根都扔了吧！

沒有必要留著那些日後會害你親愛的家人受到驚嚇或心情鬱卒的東西。

也許你手邊還留有某些信件、文件或日記，裡面記載著會讓你的後代感到難為情的訊息或家族歷史。在我們生活的這個時代，似乎每個人都覺得自己有權得知所有祕密，我個人並不贊同。如果你認為某些祕密會讓你親愛的家人受到傷害，或傷心難過，請務必銷毀。生一堆火，或把它們送進飢餓的碎紙機。

男人窩的危險

另一個看起來可能需要花不少時間整理的地方，是我丈夫的工具棚。如果你擁有自己的獨棟房子，而跟你同住的人剛好是木匠、油漆工、水電工的綜合體，還能一手包辦生活中的大小修繕，那真是再方便不過了。

如果你住的地方遠離都市，更是如此，因為上述那些專業師傅似乎都在大城裡執業。我們曾經在鄉下住了好些年。如果你也住鄉下，又經常需要把各種技工從城市裡請到你住的這個雞不拉屎、鳥不生蛋的地方，那可是很傷荷包的。

自行車、船、園藝用具之類的東西，都需要五花八門的工具和維修，才能正常運作。採買新工具永遠不缺理由，而男人似乎一找到機會，就往五金店鑽！至少我那個年代和更早那些年代的男人是如此。

說實在話，別以為只有住獨棟洋房才會有工具氾濫的問題。我有個孩子住在城裡的出租小公寓，他有個裝滿零星螺栓、螺帽、螺絲釘、彎角釘和各種固定物的櫃子，他覺得總有一天會用得著。但他已經好幾年沒打開過那個櫃子了。

孩子們也需要各式各樣的工具。我們的孩子喜歡造小房子、小船和瑞典話稱為 lådbil 的木造迷你車。孩子們離家後，我丈夫照樣每天檢查、整理他的無數工具。

他的 snickarbod（瑞典話的工具棚）慢慢變成如今人們口中的「男人窩」。在瑞典話裡，我們也稱之為 mansdagis，也就是男孩幼兒園。這個字總是讓我不禁發噱，實在太貼切了。

你有沒有發現，很多人在整理自己擁有的物品的時候，要比實際使用那些物品更愉快？我就有，而且我無比讚嘆那種把東西整理得一絲不苟的興致。

我查看我丈夫的工具棚的時候，發現每樣東西都經過巧妙安排，井然有序。鑿子、水平儀、電鑽、鉗子、弓鋸架和不計其數的螺絲釘和鐵釘！唧筒、橡膠閥、自行車專用潤滑油。天哪，幾乎叫人臉紅心跳！除草機當然也需要特殊潤滑油和磨石；我們的船需要全套砂紙、油漆和其他小機件。這些東西都受到我丈夫細心呵護，依序排列。

除了幾只貼有標籤、內容物粗略分類的箱子之外，我丈夫把大多數工具掛在牆上，配合牆面上精心描繪的輪廓各就各位，萬一有人借用工具之後沒有放回正確位置，一眼就能看出來。

假使哪天我突然想做工藝，我丈夫的工具棚就可以當我的後盾。我隨時可以在石頭、鐵片或水泥上雕刻，可以做點原木藝品；可以把不同引擎連接起來，研發某種罕見機械。我用得到的東西幾乎都可以在工具棚裡找到，每件工具的保證書和使用手冊也都整整齊齊收藏在資料夾裡。

可惜我沒有那方面的雄心壯志，也不打算那樣度過餘生。

我只拿出一把槌子、幾把鉗子、各式螺絲起子和一個卷尺，方便做些我能力所及的小修繕，比如掛畫、釘置物架或毛巾衣物掛鉤。就算你垂垂老矣，只要有恰當的工具，這些事做起來都不困難。我的孩子們各自拿走部分工具，他們的朋友非常開心地幫我把剩下那些都解決了，因為這些工具在瑞典售價並不便宜。

我發現，邀請年輕男人過來挑選他們要的工具，收效快速，因為他們正在打造自己的工具棚，而我丈夫的工具棚三兩下就清潔溜溜。

原來，不論在現實面或情感面，清理工具棚都沒有想像中困難。我對那些東西沒有特別的感情，唯一的淵源是，它們屬於我丈夫。但我已經擁有很多更值得懷念的東西。清理他的工具棚的過程中，從來沒有哪件工具會讓我停下來追憶往事或放慢速度。如果讓男人親自清理工具棚……呃，可能會耗掉幾年時間。這方面我恐怕沒有多少祕訣可以傳授。

不想要的禮物

如果你的父母或某人把家裡用不著的東西清出來送給你，而你真的不想要，這時你該坦誠以告，婉謝他們的好意，告訴他們你家裡沒有空間擺放那些東西。把不要的東西送到別人家，對任何人而言都不是理想的解決方案。

或者，你也可以參考我收到不想要的禮物時的做法。我會找個不礙眼的地方擺放那個東西，哪天送禮的人來我家看見，會因為自己的東西找到新家而感到開心。等我對那個東西厭煩，我就會把它處理掉，送給慈善機構，或給某個比我更喜歡它的人。不過這也很難說，有些我一開始不算特別喜歡的東西，最後卻變成我珍愛的寶貝，有時候我們的品味也會變成熟。

當我送禮物給別人，我很清楚收禮的人未必會永遠保存那件東西。有誰會去追蹤自己送出去的禮物的去向嗎？我不會。物品會毀壞，就連爆米花機都不可能一輩子不壞。我從來不會因為處理掉別人送的禮物覺得愧疚。你收到禮物的當下當然要歡喜感恩，但那是兩回事，因為你感激的是送禮的人，而非禮物本身。

在我生活周遭，的確有些人家裡設有瑞典話所謂的「fulskåp」，也就是專門收藏醜陋物品的櫃子。

Fulskåp 裡面通常都是別人送的禮物，你覺得它們難以入眼，也沒辦法轉送別人。這些東西通常是那些一表三千里的叔伯阿姨送的，你只有在他們來訪時，才會把東西擺出來。

這種做法有欠明智。因此那些叔伯阿姨看見你把他們送的禮物展示出來，就會繼續送！其實沒有人會記住自己什麼時候送了什麼東西給誰。如果你不喜歡某件禮物，就別留著吧。

收藏品、收藏家和囤積達人

我們不都喜歡收集東西？比如可以當柴火用的樹枝和木塊，可以食用的漿果和植物根莖？只不過，純粹為了興趣收集東西又是另一回事了。我記得以前喜歡收集我在瑞典西海岸故鄉的貝殼。到現在還留著一些，跟其他在國外撿來的貝殼一起放在一只碗裡。貝殼很漂亮，也很適合拿在手上把玩。小時候我還收集過徽章、瓶蓋、火柴盒，以及足球明星與電影明星的相片。一九四〇年代戰爭結束後，柳橙重新進口，我也收集包柳橙的漂亮棉紙。當時我們有很多很多年的時間沒看見過香蕉或柳橙。

我們也都收集過書籤，下課時拿來跟同學或其他孩子交換。我有一張很漂亮的大書籤，我告訴班上一個男生，只要他親我一下，就把書籤送他。我猜我是為了跟我當時最要好的朋友別苗頭，她大我四歲，成天炫耀有多少男孩子吻過她。可惜我指定的男孩始終沒來吻我，所以我可愛的書籤一直留在我身邊，其實我還滿開心的。

後來我越來越熱衷收集。只要肯用心，集郵是既能帶來獲利又富啟發性的興趣。

多年前我有個很有意思的鄰居。他別墅的地下室堆滿各種東西：爆掉的輪胎、雪橇、兒童遊戲圍欄等等。時日一久，地下室幾乎滿溢。有一天，他太太發現屋後有個地下室入口，於是每隔一段時間就進去拿些東西出來，送上垃圾車。從此以後，她丈夫往地下室塞東西時總是通暢無阻。

今年夏天我認識了一位在本地跳蚤市場賣東西的女士。她跟丈夫準備要搬家，清理廚房抽屜時，她發現家裡總共有十二個乳酪切片器，當然還有其他東西。她並沒有刻意收藏，只是比較粗心大意。另外我還讀過一篇文章，說有個男人專門收集蛋杯。他是貨真價實的收藏家，總共收集了一千個世界各地不同工廠製造的蛋杯。就只有蛋杯。真了不起！

我有個非常敬愛的保母，她收集咖啡杯碟。她丈夫是路德教派牧師，每個星期天做完禮拜，就會用她所有的咖啡杯請教區信眾喝咖啡。數量龐大的收藏品偶爾也能發揮用途，卻也可能變成你的負擔，甚至日後累及家人。

如果你打算清理掉某些收藏品，而你的家人沒有興趣接收，那麼最好的方法就是找拍賣公司，聽聽他們的建議。如果他們沒興趣，也許你可以在網路上找到買家。

真正的收藏家喜歡收集特定種類的物品，他們系統性地追蹤某一系列物品，並且想方設法補足缺漏的品項。這種收藏品也能造福他人。博物館不就是收藏家們努力的成果？

不過，那些純粹囤積物品或紙張，沒有任何意義或目的的人，恐怕罹患了某種醫學界前兩年才發現的疾病*。這些人會在家裡的房間堆滿物品，嚴重到連走都走不進去。囤積物品也可能為家人或親密關係帶來困擾。很可惜，在這方面我沒有辦法提供好的對策。不過，這種囤積行為可以尋求治療。如果連醫生都幫不上忙，到最後只好雇一輛貨櫃車。

*指強迫性囤積症，二〇一三年的《精神疾病診斷與統計手冊》正式將此症定義為精神疾病。

我的花園

大多數人都有個嗜好，某種我們每天都愛做的事。幸運的話，我們的嗜好可以變成職業，否則我們至少可以利用閒暇時間去做。

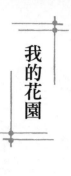

我喜歡我舊家的花園。只要走到戶外，置身那一片翠綠之中，全心全意欣賞周遭的花花草草，就是天大的享受了。我可以花幾個小時修剪、分株、拔草或植栽，或者只是欣賞一株剛開出美麗花朵的植物。花園永遠充滿冒險與期待。

等夏天來到，我經常可以採摘一整缽覆盆子，或給每個孫子一顆曬得暖洋洋的番茄，或一整條鮮脆黃瓜。哪天你跟我一樣搬到大樓裡，這些歡樂時光只怕也會隨之消失。

在我還擁有花園的那段日子裡，家裡有很多工具方便我照料花圃。我那些草耙和鐵鏟都放在我的 redskapsbod 裡，那是瑞典話的「花園收納棚」。後來我搬到沒有花園的新家，就把收納棚裡的工具全都留給新屋主。他們得到那麼多好用的工具，非常開心。我也很高興能把那些工具留給願意努力讓我的花園繼續千嬌百媚、生機蓬勃的人。

如果你幸運擁有陽台、窗台的花盆箱或日照充足的窗台，還是可以種一些多年生植物。我有一株常春藤和幾株忍冬。雖然生長在嚴寒的北歐氣候，去年十一月太陽只露臉寶貴的幾小時，它們不需要防寒，也已經在盆子裡活了好些年。等春天來到，確認夜裡不會再降下嚴霜，我就會在我的迷你陽台花園種些夏季植物，比如牽牛花、勿忘我、紫蘿蘭，以及羅勒、百里香、細香蔥和荷蘭芹之類的香草植物。

我們社區有園藝小組，組員們負責照顧庭院裡的花草樹木。任何喜歡園藝的人都可以在那裡發揮長才。

我們的庭院裡除了綠籬和花叢，還有幾株櫻桃樹，春天會開出嬌豔的花朵，之後又長出鮮甜的櫻桃。還有各種多年生植物，輪流綻放嬌嬈的花朵。我們也有大黃，有鼠尾草、百里香、迷迭香、細香蔥和檸檬香脂草等香料植物，園藝小組和所有住戶都可以採摘入菜，或只是享受芳香氣味。

這種合作式花園最大的好處是，新成員隨時可以加入。因此，如果哪天你覺得自己力有未逮，沒辦法繼續在庭院裡蒔花弄草，總會有其他人接替你的工作，你一點都不必感到歉疚。這不是太完美了嗎？

當我想到所有會生長的植物，又想到那些我們為了擺脫掉而切碎、撕裂、砸成碎片甚至埋在土裡的東西，總不免慶幸那些垃圾不會像某些植物或雜草一樣，一年後就長得更碩大、更茁壯。

寵物

你從這個家搬到那個家，乃至從這個國家搬到那個國家，或規劃未來的時候，該如何安置無法繼續豢養的毛小孩呢？

我們家曾經養過的動物包括老鼠、天竺鼠、倉鼠、貓、狗、鳥和魚。聽起來像個動物園，不過我們並不是同一時間養這些動物。

漢普斯是我兒子養的天竺鼠。我兒子大約八歲的時候，有一天晚餐後，他把漢普斯從籠子裡放出來，在我們的餐桌上走動。那時孩子們的奶奶正好來看我們，我摘了一大束一枝黃，放在餐桌中央的花瓶裡，為屋裡增色。漢普斯小心翼翼走到花束旁，嗅了嗅，吃了幾朵花。不一會兒，牠突然渾身猛烈抽搐，而後四腳朝天仰躺，動也不動。漢普斯一命嗚呼了。

這當然很叫人難過。我兒子悲傷啜泣，抬頭對他奶奶說：「奶奶，妳死的時候，我也會跟現在一樣傷心。」

他奶奶是個非常有智慧的長者，能夠理解孫兒這番驚人之語其實是在表達對她的敬愛。她整晚把孫子抱在懷裡，不停安撫他。

一九七〇年代中期，我們從美國搬回瑞典，不得不把兩隻狗分別送人。當時犬隻要從美國進入瑞典，必須在檢疫所待四個月。檢疫所是個冰冷又孤單的地方，我們不希望我們的狗兒受那種苦。

我們非常擔心狗兒離開已經住慣了的家，面對全新環境時，心情會受到影響，所以希望幫牠們找到同樣安穩的新家。我找到一家專門繁殖諾福克㹴的育犬中心。那地方離我們家不算太遠，負責人是一名待人親切的中年婦人，她歡迎我們過去參觀。

這家育犬中心環境打理得非常乾淨整齊，裡面有各種年齡、活潑可愛的大小狗兒。那位女士得知我們擔心我們的狗大飛無法適應新環境，就帶我們在中心裡走走逛逛，看看狗兒，之後坐下來跟我們談話。聊天時，有一隻小狗跑來坐在我兒子腳邊。那位女士笑著對我兒子說：「你看，那隻狗不認識你，牠還是願意跟你回家！」我們鬆了一大口氣，放下心裡的大石頭，很慶幸這趟沒有白跑。

我先生辦公室一位女祕書領養了大飛，所以牠找到一個疼愛牠的好人家。事後大飛的新主人甚至寫信來請我們放心，大飛過得很好。

育犬中心通常有不少排隊等著領養幼犬或成犬的口袋名單。我們的巴吉度獵犬也透過育犬中心找到好去處。這條巴吉度非常溫馴、逗趣又瘋狂，沒事就愛躺在隔壁鄰居修剪整齊的漂亮花圃上，逮到機會就偷吃三明治或其他東西。牠在新家也過得舒適愜意，至於牠新主人的花圃命運如何，我就不得而知了。

如果你習慣養寵物，哪天突然少了牠們，家裡就會顯得太空蕩。在新加坡的時候，我曾經跟兒子到動物保護所，那裡專門收容被棄養的動物，有個全職人員負責照料。

那天我們帶著家裡的新成員打道回府。牠叫泰克西斯，是一隻高大的淺棕色大丹狗，年紀很大，老態龍鍾。泰克西斯很快就在我們家露台一塊厚地毯上安頓下來。牠經常在睡覺，大多數時候都睡得死沉。雖然面貌兇惡，卻有一顆善良的心，有一回我們出遠門，牠甚至讓小偷直接從牠身上跨過去，完全不忍心阻止他們。

老泰克西斯鬍子花白，有風濕症，只能吃糙米、蛋和蔬菜煮成的素食。牠的特調食物太可口，我經常發現我那些十幾歲的孩子放學回家偷吃狗食當點心。

儘管食物橫遭人類掠奪，泰克西斯每天傍晚還是能夠在露台享用滿滿一大碗素食料理。牠每次用餐的時候，總會有兩隻黑色寒鴉棲息在附近欄杆上看著牠。牠們靜靜站在那裡，時而眨眼，時而點頭。泰克西斯吃完飯會走回牠的地毯，躺下來消化，碗裡總是留有幾口食物。那兩隻寒鴉會立刻滑翔下來，輕巧落地，清空碗裡的東西。天天如此！實在挺耐人尋味。

養狗當然很棒，卻也責任重大。萬一你生病或搬家，暫時或永遠沒辦法照顧你的忠實朋友，你必須要確定你的狗兒得到最好的照顧和友誼。大多數

的狗兒都喜歡跟人接觸，很快就可以跟別人建立新的感情，繼續過著快樂的日子。可是我們的泰克西斯情況不同，因為牠實在太老，病痛纏身。

我們準備搬回瑞典的時候，我不知道該拿牠怎麼辦。我沒辦法讓牠獨自面對未知的命運。牠太善良，很難重新展開新生活；牠又太老，不容易找到願意接納牠的新家。如果要帶牠回瑞典，我又怕牠熬不過檢疫所四個月的淒冷生活。

最後，我找我們的獸醫商量，做了我覺得我唯一能做的決定，這是個極度艱難的重大抉擇。獸醫為泰克西斯注射時，牠在我懷裡靜靜癱軟。實在非常揪心，可是我們別無他法。

當你沒有更好的選擇時，放手讓物品、人或寵物離開，這對我是非常困難的課題。隨著歲月流逝，這也是生命越來越常教導我的課題。

現在我已經這把年紀，如果還想養寵物，一定會選一條老狗。我已經懶得照顧小狗，也沒辦法陪牠出去走很遠的路。有時候我確實會想養狗，如果真要養，我會找一家育犬中心，問他們有沒有又老又倦，需要我照顧的狗。如果你最愛的寵物過世了，而你還想再找一隻來作伴，也可以這麼做。

萬一你的寵物活得比你久，那就可能造成身邊人的困擾。所以，決定帶隻懶惰的老狗回家以前，先跟家人或鄰居商量一下，問他們將來願不願意為你照顧你的狗兒？如果他們拒絕，那麼你最好三思而行。

阿笨的故事

這是本動物故事集嗎？你心裡可能在納悶。並不是。如果是，我就得告訴你，我們家養過的魚兒、鳥兒和我們那些可愛貓咪（米恩、小貓、小毛、史瑞茲）的瘋狂故事。不過，我倒是想跟你分享其中一隻貓的故事，牠叫阿笨。

有一天，一隻淡紅色大貓咪來到我們家。我先生對貓沒有好惡，卻也沒興趣養貓。然而，那隻紅貓立刻認養了我先生，隨時隨地都想待在他身邊。我們幫牠取名叫阿笨，因為牠跟大多數喵星人不一樣，經常把東西碰倒砸破，跳向

某個目標多半也會失準，就連端坐在椅子上，都會沒頭沒腦地跌下來。

每天晚上播報體育新聞時，我先生會坐在他寬大舒適的扶手椅上看電視，阿笨就會啪噠啪噠跑過來，縱身一躍，舒舒服服窩在扶手椅的扶手上。

後來我先生因病進了安養院，阿笨很傷心，也很想念他。雖然我幾乎不看體育新聞，牠每天晚上照常跳上去，躺在扶手上（只要沒摔下來的話！）。

有一天安養院打電話來通知：我先生突然過世了。當天早上我才去看過他，雖然他病得不輕，聽到消息我還是飽受衝擊。怎麼可能不震驚？安養院的人問我能不能過去收拾他的衣服和其他用品，因為他們馬上需要那個房間。

我到安養院之後，當然還分類整理一番。我把所有東西都帶回家，因為已經太累，就暫時先把他的衣服堆在進門的地方。當時朋友邀請我到他們家裡坐坐，而我也需要有人陪，所以就出門了。

後來我回到家，發現阿笨大字張開趴在我先生的衣服上，神情哀戚。我哭了。

我先生生病那些年，我感覺他漸漸離我而去，前後哭了不知多少回。那天晚上，讓我傷心難過的反倒是阿笨。我內疚不已，因為我讓這可憐的貓兒獨自在家面對牠的哀慟。幾個月後阿笨也死了。

雖然我不相信死後的世界，不過有時候我會想像，阿笨已經在某個遙遠的地方找到了牠的老朋友，還有一處舒適的扶手。

終於：照片

總算進展到照片這一章。照片幾乎無從下手！因為它涉及太多層面。

首先，舊照片會讓你情緒起伏。往事歷歷在目，你希望能留住這些回憶，或許也想留給家人。可是別忘了，你的回憶跟家人的回憶未必相同。

某個家人覺得值得收藏的東西，另一個

家人可能一點都不感興趣。如果你的孩子不止一個，千萬不要認為他們的觀念行為會一致。不，不，完全不是那麼回事。

雖然如今我們可以把大量照片儲存在電腦裡，但我相信還是有很多人比較喜歡欣賞相簿裡的照片。我的孩子們成長過程中都有各自的相簿。當時我們很愛拍照片，每回新的底片沖洗出來，相館把一大疊照片寄回來，那是最興奮的時刻。孩子們各自挑選要加洗的照片，在照片後面寫上自己的名字或做上記號，這樣我們就知道該請相館加洗哪些照片。不到幾天工夫，照片就來了，收進個別孩子的相簿裡。那些相簿他們到現在還留著。

如果你想買本好用的相簿，市面上的選擇很多。我喜歡活頁式相簿，因為等照片變多，你可以增加頁數。

跟某個心有靈犀的人一起觀賞照片是很愉快的事。你可以指著某張照片，聊聊當時的情景，或許也談談拍照片的人。拍照片的人就像你看不見的照片背面。

我有個媳婦在托兒所上班，她曾經告訴我，有個小女孩幫她最好的朋友畫了一張肖像，畫完之後，小女孩把畫紙翻過來，在背面畫上朋友的背影。這點子妙極了。

那麼，你清理照片時，該把握什麼原則？

我把照片收進相簿以前，通常會一口氣扔掉很多張，主要是因為沒拍好，或者照片中的我或別人嘴歪眼斜。

我通常希望照片裡的人都是我認得的。如今我已經是家族裡最老的人，如果照片裡有我不認識的人，那麼家裡其他人肯定也不會認識。所以碎紙機又有得忙了。

有時候我會猶豫。有些照片年代久遠，就算裡面的人物你不完全認識，照片本身還是有歷史或文化上的價值，例如服裝款式、街頭的汽車或人們的生活情景，短短三、四十年前的照片就可能非常引人入勝。因此，也許我應該謹慎一點，先把其中一些照片拿給孩子們看，說不定他們會覺得某些照片很有意思，希望我留下來。

我父親很愛攝影，而且技術高超。我自己多年來也拍了不少照片，我有三個孩子在這方面天分極高。想當然耳，我們家照片堆積如山。說到底這該怪我，所以只好由我擔起清理責任。我和我的碎紙機一起。

處理我那些照片的困難點在於，我有很多幻燈片，都收藏在卡匣裡。一個卡匣最多可以存放八十張幻燈片，而我有非常多卡匣。以前我們經常把幻燈片投影在牆壁上，全家一起欣賞。那是絕佳的娛樂活動，因為五十年前電視只有一個頻道，兒童節目少之又少。美國卡通《史酷比》（Scooby Doo）好像一星期才播一次。

幾年前某個秋天，我決定好好整理我的幻燈片。我買了一台底片掃描器，把大多數空閒時間都拿來掃描幻燈片。那些照片記錄了我大兒子出生後那二十五年時光。我把我打算拿出來跟家人分享的幻燈片都掃描到電腦上，再轉存到隨身碟，送給每個孩子。不到六公分長的小小隨身碟竟然有那麼大的容量，簡直太神奇了。

我把隨身碟放進信封，投遞出去。那年的聖誕節禮物就這樣搞定，實在太開心了。

如果你活了很久很久，就容易迷失在回憶裡。這種事很花時間，所以，等你順利處理好其他類別的物品之後，再用平靜安詳的心來檢視舊照片，就會好得多。再者，照片並不占空間，萬一你沒來得及處理，你的子女應該也不至於討厭這件工作。說不定還樂意得很呢。

我記得有一次家族有人過生日，我那些長大成人的孩子們都回來了，有些帶著自己的小家庭。我從相簿裡抽出一大堆照片，逐一分類放進信封袋，寫上每個孩子的名字。當時我們都圍坐在餐桌旁。

一開始挺安靜，大家默默打開信封，觀看他們的照片。過不了多久，就聽見他們開始聒噪起來：哇！你看看你！你有沒有看過這張？你記得那次的事嗎？氣氛轉趨熱絡，笑聲連連。等大家都看完，那些分類

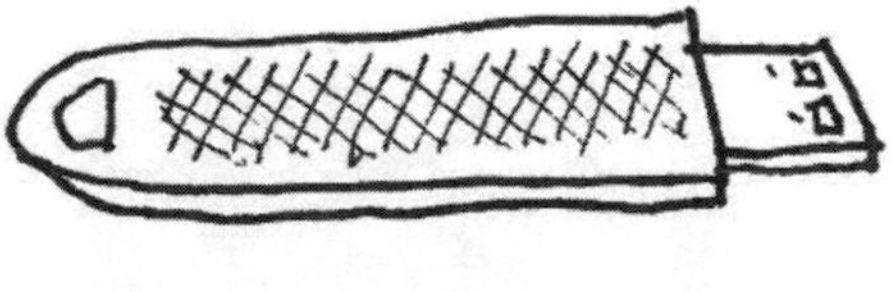

好的照片又混在一起，變成一大堆。不過我又整理一遍，依序分類，放回信封袋，等下次他們回來，再交給他們。某些東西非常美好，值得妥善保存。

漫長人生中累積的照片為數可觀，整理起來必定百般艱難。設計一點小遊戲，跟家人和朋友一起同樂，既能緩和整理過程中的孤單寂寞與茫然失措，也會變得樂趣無窮。此外，你不必獨自負荷沉重的回憶，也比較不會卡在時光隧道裡。

不忍心丟棄的東西

總有些東西，雖然已經毫無用處、一文不值，你還是覺得很難或幾乎不可能割捨。

比方說，我搬進二房公寓以前，發現我把幾個家中成員給忘了。它們靜靜坐在那裡，用哀傷的玻璃珠眼睛望著我。那就是我們心愛的玩偶。

這些玩偶曾經為我們帶來的歡笑和慰藉，也許比我們很多人類親戚多得多，可惜它們已經被遺忘很久了。我的孫輩都已經長大，沒辦法送給他們。

我有個已經成家的孫子拿了幾個給自己的孩子，包括泰迪阿飛（這名字有點

怪，跟「阿毛撒旦」有異曲同工之妙）和一隻超大的白色北極熊。這隻北極熊是我們在新加坡時，我先生送我的聖誕禮物，我常趁他不在家的時候抱著它共舞。還有藍色大河馬費迪南，它背部有控制桿，尾巴有流蘇，頭戴條紋貝雷帽。我很慶幸它們跟我一樣找到新家。只是，別離還是充滿感傷。

現在我房間裡還有親愛的邦伯，它是我先生從澳洲帶回來的大無尾熊。我記得它在飛機上有自己的機位。他坐在我房間裡，一副心滿意足的模樣。我臥室某個置物架上還有一隻熊老頭，長得有點像維尼小熊。它已經很破舊，多虧它身上的毛衣和腳上的襪子，它的填充物才沒有爆出來。它其實已

經八十歲了，聽過很多孩子的祕密，多年來一直帶給人安慰與陪伴。我該把它當垃圾扔了嗎？免談。它暫時還會繼續跟幾個小朋友一起坐在架子上。

「銷毀」盒

有幾件東西我只想為自己留著。都是些能讓我憶起某些可能會忘懷事件的物品。我把這些私人物品收在盒子裡，上面標注「銷毀」。

你整理書信的時候，可能會發現某些來信者用一些好聽的語詞稱呼你，比如「最親愛的好朋友」、「討人喜歡的」或其他叫人心花怒放的名稱，讓你想一讀再讀，寧可拿來當壁紙，也不願意扔掉。如果我找到這種對別人沒有價值、對我卻彌足珍貴的東西，我就會把我的「銷毀」盒拿出來。等我離開人世，這個盒子可以直接銷毀。

我知道我孩子們的第一個反應，會是查看盒子的內容物，但他們也可以選擇不這麼做。我決定請別人幫我丟棄的東西，沒有哪一樣見不得人。我在想，如果孩子們在處理盒子之前打開來看了一下，盒子裡某些信件、照片和小東西可能會讓他們會心一笑。

幫自己打理遺物真的很困難，因為我總是沉浸在回憶裡。話說回來，這件事也有好的一面。當我決定留下一些小東西，就把它們放進「銷毀」盒，比如一朵乾燥花、一顆形狀奇特的小石頭，或一個美麗的小貝殼，這帶給我一絲寬慰。這個盒子專門用來裝些只對我個人有意義的小東西，因為它們讓我想起生命中的特殊時光和美好經歷。

重點提示：千萬別選個大箱子，鞋盒應該就很夠用了。

PRIVATE
THROW AWAY!!

信件與訊息

我們家族之間通信格外頻繁。主要是因為我先生在跨國企業上班。過去我婆婆經常埋怨：我兒子像個衛星，總是在搬家，而且搬到遙遠的地方！

由於我們數度移居海外遠離瑞典，所以我們藉由書信跟家鄉的親友保持聯繫。那個年代電話費還高不可攀，只用於緊急事件。後來孩子們長大了，只要出門訪友、校外教學或到遠地就學，都會寫明信片或信件向我跟我先生匯報近況，或告訴我們錢不夠用。這些信件我保存了不少。

當時 Skype 和 FaceTime 還沒發明，需要付出時間與心力才能跟人保持聯繫，在通訊系統不夠發達的非洲或亞洲地區更是如此。不過，至少如今的信件可以搭飛機快速抵達，不是靠曠日廢時的船隻或騎馬的信差遞送，我們也該知足了。

我實在不知道我的孫子孫女們會不會寫字，我指的是拿起筆來在紙上書寫。這年頭好像不流行寫字了。我知道孫兒們會畫畫，但是，根據這些年來我收到的致謝卡數量研判，我不太相信他們會寫字，也沒辦法確知我送的禮物是不是都順利寄達。這麼說來，Facebook 倒是個好東西，因為我可以在上面

看到我送的禮物到了收禮者手上，甚至知道收到禮物的人很開心。

小時候，我們的孩子只要收到禮物，都得乖乖坐下來寫封致謝函。畢竟某個人煞費苦心選購、寄送禮物給你，而你收到禮物也是滿心歡喜，值得你好好寫封謝函。

如果孩子年紀太小，還不會讀寫自己的母語，碰巧又搬到另一個國家，必須學習新的語言，那麼寫字對他而言就是一件苦差事。我最小的女兒也想學哥哥姊姊，給她在家鄉的朋友寫信。她寫得很認真、很努力，我卻聽見她不時唉聲嘆氣。而後她突然告訴我：「媽，請妳寫信告訴他們我死了。」當時她才六歲，卻已經知道死亡可以換來豁免權。

多年後我去了一趟馬爾他，看到孫子在電腦上跟他在北歐的朋友聊天，一聊就是幾小時！而且免費！他們也一起打電玩，笑得有夠歡樂！他能想像四十年前，他的父母有多麼渴望擁有這樣的通訊方式嗎？

我婆婆只有我先生一個孩子，所以當我先生帶著妻小搬到千里之外的國家，週末沒辦法回家探望老母親，她的內心想必很失落。

所以我每星期寫一封信給她，跟她分享我們的生活點滴，特別是她孫子們的種種趣事。她把這些信都裝在藍色塑膠袋裡，我們回到瑞典時交還給我。如此一來，就變成了完整的家庭日記！時至今日，那個藍色塑膠袋仍然帶給我很大的安慰。我不但沒把那些信扔掉，甚至想找時間抄錄五份，送給我的孩子們各一份。

萬一我沒來得及抄錄那些信件，我也已經在每個信封上做了標記，註明信件內容和相關人物。比如在鄰居的游泳池上溜冰、用木箱製作玩具房屋、超大紙箱做娃娃屋、派對或聖誕布置等。

手寫文件

我有一些非常古老的卡片、邀請函和書信，其中某些已經超過兩百年。這些東西都寫得非常工整細膩，可能是用那種必須不停蘸墨水的筆寫的，或者用鵝毛，我記得那叫羽毛筆。寫在薄如蟬翼、如今已經古老泛黃的紙張上。每一件都稱得上是小小藝術品。

在我上學的那個年代，字跡清晰端正是非常重要的事。如今已經很少人拿起筆來寫日記或書信，即使真有人寫，龍飛鳳舞的筆跡有時候很難辨認，特別是那些從來不曾仔細體驗寫字時如何運筆的人。我念書的時候，學校有寫字課，大多數學生都覺得那堂課無聊透頂，偏偏老師用那種要經常蘸墨的筆考驗我們的耐性。有一回我們實在厭煩至極，就在所有小墨水瓶裡裝水，結果寫出一大堆無字天書，讀起來並沒有比較輕鬆！

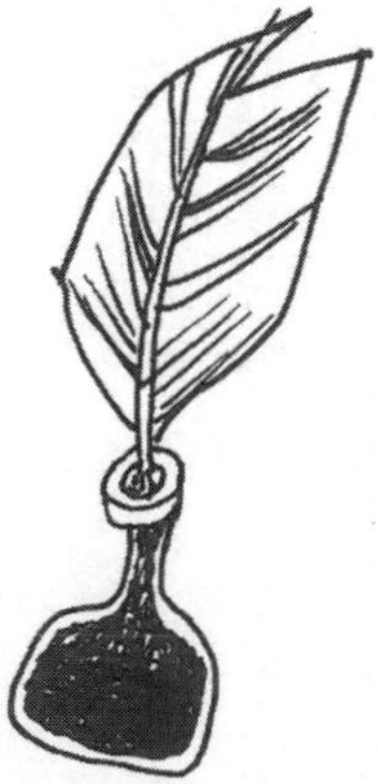

我很少被別人的手寫文件考倒，不過，年輕人好像沒辦法適應別人的書寫風格。我猜這就是親筆寫回信對他們而言太困難的原因。當然，坐在電腦前嗒嗒嗒敲鍵盤簡單得多。速度快，不需要信封和郵票，甚至不必出門找郵筒。不過，我還是覺得收到明信片是很開心的事！

有一群年輕的製片團隊，正在製作瑞典偉大的藝術家兼導演英格瑪．柏格曼*的紀錄片，我女兒也參與其中。他們讀不懂柏格曼的日記，因為那是將近一百年前的字體。他們找我幫忙。我讀起來雖然也不輕鬆，卻還不至於難如登天。附帶一提，我發現柏格曼經常思考自己的死亡，這點從他的某些作品應該不難看得出來，幸好他生前沒有花工夫清理自己的物品，所以如今我們在斯德哥爾摩擁有他的豐富史料。如果你留下很多作品，不清理遺物或許反而是好事。

如今我已經不再留存我難得收到的信件或卡片。我回過信、對來信者表達謝意之後，就將它們送進碎紙機。如果是格外有趣或漂亮的卡片，我會把它們貼在廚房門上，或收進我的「銷毀」盒，方便日後拿出來回味。

* Ingmar Bergman，兼具導演與編劇長才，為當代最有影響力的導演，作品主題偏向痛苦與瘋狂，最知名作品是一九五七年的《第七封印》與《野草莓》。

我的小小黑皮書

有時我不禁好奇，下一代還能不能讀到多年前收到的留言，或親人朋友寫來、可愛又趣味的訊息。

我知道你可以用很多方式，把任何想保留的東西儲存在電腦裡。我有些朋友不使用網路，他們沒有電腦，沒有 iPad，甚至連手機都沒有，而且他們一點都不打算改變現狀。這些人有男有女。這實在很不切實際。他們說沒有這些現代科技，他們日子一樣過得好好的。好吧，也許是吧。只是，他們也錯過了很多可以讓生活更輕鬆、更有意思的資訊。有時候我覺得，跟我的某些朋友活在不一樣的世界裡。

我無法想像沒有網路我要怎麼過日子。我每天至少要看一次電子信箱，回覆郵件。可能只是個簡單問題、一封邀請函或一般信件，當然還有一些我寧可刪除的廣告信。我也利用網路查地址或電話、支付帳單或買電影票。如果我要出遠門，也會上網買火車票或機票。

萬一我錯過哪個電視節目，也可以找個比較方便的時間在電腦上看。網路上幾乎什麼都買得到。你也可以用它來查字典、查食譜，功能不及備載。

科技進步太神速，有時候很難跟上腳步，特別是我們這些老人家。不只是因為我們動作比以前慢得多，也因為我們忘得快，經常需要再聽一次，重新學過。這當然是很惱人又累人的事，因為你必須把很多東西寫下來。你用電腦的時候，這點更是格外重要。你登入某些網站，偶爾需要提交密碼。時日一久，密碼越來越多，即使年輕人都很難記得住。

我有一本小小的黑皮書，封底是紅色的。我把所有的密碼都記在這本小冊子裡，讓我在電腦世界裡通行無阻。等時日一到，我去了別的地方，我的家人可以輕易找到他們要的東西。

網路讓人們溝通更方便，這當然是好事。只不過在某種層面上，我也覺得有點感傷，因為太多書寫文字和想法都消失在空中。有誰會把舊手機裡的簡訊儲存下來？如果你想保留那些珍貴的文字訊息，得要留著多少舊手機？萬一你想讀裡面的訊息，還得保留這些手機的充電器。根本不可能。這是科技進步的另一個缺點，某個時期不可或缺的電子產品，一段時間以後可能完全無用武之地。

我盡可能跟上時代，揚棄老舊事物。我們七〇年代的八聲道錄音帶過時以後，我就把它們扔了。後來輪到我的錄影帶，我把內容數位化以後，也全數清理掉。唱片比較不一樣，我有個女婿收集黑膠唱片，挑走了幾張他喜歡的。其他的我也全丟掉。

當然，我也把以前用來播放音樂的錄放音機和黑膠唱機都給扔了。

一九二〇年代花俏美麗的烤麵包機，到今天還是很有觀賞價值，但我認為當今的大多數電子產品、充電器、路由器等東西，未來恐怕很少人願意留下來欣賞。

整理遺物對你和後人一樣重要（或更重要！）

我已經表明，整理遺物是你該做的事，不要留給孩子或其他你愛的人替你處理。

這個動機當然很重要，但事情沒有那麼簡單。

整理遺物也是一件你可以為自己做、給自己找點樂子的事。再者，如果你提早動手，比如六十五歲，不要等到像我這種八十有餘、一百不足的年歲，那麼這件事就不會顯得工程太浩大。

人生最重要的事，一來是給自己找生活樂趣，二來是有機會尋找意義與回憶。檢視身邊的物品，回想它們對你的價值，是件很快樂的事。如果想不起來某件東西意義何在，不明白自己為什麼留著它，那麼它就沒有價值，你也比較能捨棄它。

現代社會有很多還算年輕的已婚人士，他們沒有自己的孩子。他們可能會想：嗯，我沒有孩子，所以我不需要整理遺物。錯。

還是有人必須替你整理，不管那人是誰，都會覺得這是沉重負擔。我們這個星球很小，飄浮在浩瀚無涯的宇宙中。我們的過度消費可能會毀滅它，我擔心這種事遲早會發生。如果你沒有孩子，也請務必整理自己的遺物，一則可以享受其中的樂趣，再則也能為全世界你不認識的孩子做點事。回收與捐贈都對地球有益，也能把你多餘的東西帶給那些可能需要它們的人。

我有個女兒沒有孩子，而她擁有大量藏書。我這個女兒已經五十歲了，她很希望找到愛讀書的年輕人，把一部分書籍送出去。她的藏書非常精采。她從小愛讀書，我和我公婆的很多書最後都落腳她的書房。

只要用心去找，大多數人都能找到願意接收他們物品的對象。如果沒有孩子，你可能有兄弟姊妹或姪甥輩。你的朋友、同事、鄰居或許會很樂意收下你的東西。

如果真的找不到贈送對象，那麼就把東西賣掉，把錢捐給慈善機構。如果你不整理遺物，讓人們知道每件東西的價值何在，等你兩腿一伸，就會有部大卡車把你收集的那些好東西載到拍賣公司，這還是最好的情況。也許它們會淪落垃圾場。誰都不希望看到這樣的結果。喔，拍賣公司例外。

所以，就算你沒有孩子，也有責任把東西整理好。把家裡所有東西拿出來看一遍，記住它們，然後送走。總是有某個年輕人剛展開新生活，剛搬新家，想讀毛姆*的全系列作品（好吧，我承認這種人不多）。你想把鍋碗瓢盆、閣樓裡的椅子或舊地毯送人，不一定非得找有血緣關係的人。等那些年輕人有能力買自己想要的東西，他們會把你的舊家具送給朋友，然後朋友再送給朋友，以此類推。你永遠不會知道，將來你的東西會輾轉流浪到什麼地方，想想應該會覺得挺開心的。

把舊書桌送給年輕人的時候，不妨附帶一點小故事。當然不是要你說謊騙人，只是告訴他們，你在這張書桌上寫過些什麼信件、簽過什麼文件，思索過哪些哲理。當書桌從這個年輕人轉移到下一位年輕人，伴隨它的故事也會越來越豐富。隨著歲月流逝，一張尋常書桌也能累積出非凡意義。

我有個朋友從即將搬離斯德哥爾摩的朋友手中，接收了一張書桌。那是十八世紀的古董。如今我們看著這張桌子，在上面寫字，想像桌子的歷任主人在這張桌子上寫過些什麼東西。幾百年前是誰坐在這張書桌旁寫字？他們寫了些什麼？為什麼要寫？寫給誰？是情書嗎？或商業合同？或悔過書？

這張桌子很漂亮，我們都很欣賞。不過，除了好看之外，它已經使用三百年了。真希望每個在上面寫過字的人都留下一點紀錄。我朋友寫了一張小字條塞在裡面。過一陣子她會把書桌賣掉，希望這個小動作能延續下去。

* Somerset Maugham，英國小說家兼劇作家，擅長觀察，以銳利的筆鋒刻劃出人性幽微處。著有《人性枷鎖》、《月亮與六便士》等。

個人的生命故事

整理遺物當然不只是物質面的問題，如果是的話，做起來就不會那麼困難。

我們擁有的物品都可以喚起很多回憶，照片跟書寫文字更是如此。它們都會牽動你的情感！

整理信件非常花時間，你會卡在過去的回憶裡，或者神遊舊日時光。如果你想起愉快的往事，心情也會跟著開朗起來。但你回想起的，也可能是令人傷心或沮喪的往事。

我讀舊日信件的時候，哭過也笑過，偶爾我會後悔留下其中某些信。有些事已經塵封在記憶裡，突然被信件喚醒，重新經歷一次！然而，如果你希望看到你人生故事的全貌，那些不太有趣的事也得露露臉。

我越是全神貫注去整理，我就變得越勇敢。我經常自問：如果我把這個文件保留下來，有沒有哪個我認識的人會更開心？假使我思索片刻之後，可以坦蕩蕩地給出否定答案，我就會把它送進飢餓的碎紙機。這台機器隨時隨地都等著嚼食更多紙張。不過，在送進碎紙機之前，我還有一點時間可以回想那件事或那份感受，不管是好是壞，我會知道它都是我的人生、我的故事的一部分。

死後

我不太能理解，為什麼大多數人覺得討論死亡是很困難的事，畢竟死亡是我們所有人的未來裡，唯一的必然。

萬一哪天我們生病，希望事情怎麼安排，將來的身後事又要怎麼處理，只要我們面對現實，在這些無法避免的事項上掌握主控權，我們就可以為自己做那些決定。有時候我們需要專業協助，才有辦法繼續下去，這點我很清楚。比如寫遺囑，我們可能需要律師協助。不過，我沒有資格提供法律上的建議，我只是整理遺物的人。

有關我們可以如何思考死亡、如何為離開人世做準備等問題，我們有很多選擇，沒有哪個是錯的。有些人想要把骨灰撒在大海裡；有些人希望火葬或土葬。當然，有關死亡和葬禮，還有其他很多事需要考慮。你可以趁自己還有能力的時候，做好所有的決定，幫你的親人或其他人省下很多困擾。找個跟你親近的人聊聊你的心願，或白紙黑字寫下來。盡量務實去面對！

我希望透過這本書，讓你動手整理自己的東西。如果你自己整理好了，你親愛的家人就不必浪費他們寶貴的時間，來處理那些你已經不要的東西。想想你為他們省下的那些時間，你會覺得很欣慰的。

等我的整理工作大致告一段落，我會覺得心滿意足。也許我還可以出去旅行，或買些鮮花送給自己，或邀請幾個朋友過來吃頓美味晚餐，慶祝大功告成。如果我還沒死，說不定我會出去瞎拼。又買！

致謝

在此感謝 Stephen Morrison 給了我寫這本書的靈感，並在寫作過程中給我許多友善建言。

同時也要謝謝我的出版商：Scribner 公司的 Nan Graham、Kara Watson，以及 Canongate 公司的 Jamie Byng、Jenny Todd 和 Hannah Knowles。他們思慮周詳的見解，讓這本書更為完善。還要感謝 Susanna Lea，她投注很大的心力，還請我在斯德哥爾摩吃了一頓美味午餐。

最後我要謝謝我的女兒珍和她的另一半拉爾斯。沒有他們的協助，不可能會有這本書。

關於作者

出版社要我提供自傳！我有這種東西嗎？

我知道我出生在瑞典的哥特堡，時間是跨年夜。我可真會選時間！小時候我總以為，是因為我和我出生的日子，所有教堂才會敲響鐘聲，港口的所有船隻才會一起鳴笛，天空裡才會有那麼多煙火綻放光采。

我的父母很疼愛我，包括失控尖叫時的我。我父親是個醫生，母親留在家裡打理一切。雖然我母親上過護理學校，但她跟那個時代大多數女性一樣，選擇當全職家庭主婦。

我七歲入學，讀的是非教會男女合校。高中畢業後，我進了斯德哥爾摩的貝克曼斯設計學院就讀。我的母校風評極佳，所以畢業後我不乏工作機會，只是我不知道該如何挑選。後來我選擇在一家大型百貨公司，擔任時裝與廣告設計師。這家百貨公司除了食品和文具，什麼都賣。

婚後孩子們陸續報到，我開始在家裡工作。一面照顧嬰兒，一面畫素描。我也畫很多油畫、水彩和水墨畫。一九七九年我在哥特堡舉辦第一次個展，後來在斯德哥爾摩、新加坡、香港和瑞典很多地方都辦過展覽。展覽的時候，如果作品賣掉，畫廊就會在作品旁貼個圓形小貼紙。曾經有很多次，在畫廊展覽的時候賣掉太多作品，我們打趣說，畫廊得了麻疹。我很享受我的畫家生涯，到現在還很喜歡塗塗畫畫。我想我會把我的筆刷、圖畫紙和顏料保留到最後。

我的人生充滿樂趣，可是如今我已經活到八十有餘、一百不足，有點累了，想放慢步調。

這些年下來，我收藏了很多東西。一件件拿出來檢視是很快樂的事。有時分類整理也會帶來淡淡的哀傷，但我真的不希望，這些東西將來為我親愛的孩子們和他們的家人製造太多麻煩。所以我才想跟其他人分享整理遺物這個概念，讓大家知道這是多麼美好、多麼充滿挑戰性的任務！

Pitch 001

死前斷捨離
The Gentle Art of Swedish Death Cleaning

作者　瑪格麗塔・曼努森 Margareta Magnusson
譯者　陳錦慧

出版者　愛米粒出版有限公司
地址　台北市10445中山北路二段26巷2號2樓
編輯部專線　（02）25622159
傳真　（02）25818761
【如果您對本書或本出版公司有任何意見，歡迎來電】

總編輯　莊靜君
編輯　葉懿慧
企劃　葉怡姍
校對　黃薇霓
美術設計　賴維明
印刷　上好印刷股份有限公司
電話　（04）23150280
初版　二〇一七年（民106）十一月一日
定價　250元
總經銷　知己圖書股份有限公司　郵政劃撥：15060393
（台北公司）台北市106辛亥路一段30號9樓
電話：（02）23672044 / 23672047　傳真：（02）23635741
（台中公司）台中市407工業30路1號
電話：（04）23595819　傳真：（04）23595493
法律顧問　陳思成
國際書碼　978-986-95206-5-2　CIP：197/106016297

愛米粒出版有限公司
Emily Publishing Company, Ltd.

因為閱讀，我們放膽作夢，恣意飛翔——
成立於2012年8月15日。不設限地引進世界各國的作品。在看書成了非必要奢侈品，文學小說式微的年代，愛米粒堅持出版好看的故事，讓世界多一點想像力，多一點希望。來自美國、英國、加拿大、澳洲、法國、義大利、墨西哥和日本等國家虛構與非虛構故事，陸續登場。

愛米粒出版
Emily

廣　告　回　信
台北郵局登記證
台北廣字第04474號

平　信

To：愛米粒出版有限公司　收

地址：台北市10445中山區中山北路二段26巷2號2樓

＊請沿虛線剪下，對摺裝訂寄回，謝謝！

當讀者碰上愛米粒

姓名：＿＿＿＿＿＿＿＿ □男 / □女　出生年月日：＿＿＿

職業 / 學校名稱：＿＿＿＿＿＿＿＿

地址：＿＿＿＿＿＿＿＿

E-Mail：＿＿＿＿＿＿＿＿

＊請沿虛線剪下，對摺裝訂寄回，謝謝！

● **書名：死前斷捨離**

● **您想給這本書幾顆星？**

☆☆☆☆☆

● **這本書是在哪裡買的？**

a.實體書店 b.網路書店 c.量販店 d. __________

● **是如何知道或發現這本書的？**

a.實體書店 b.網路書店 c.愛米粒臉書 d.朋友推薦 e.____________

● **會被這本書給吸引的原因？**

a.書名 b.作者 c.主題 d.封面設計 e.文案 f.書評 g.____________

● **對這本書有什麼感想？想對作者或愛米粒說什麼話？**

※ 只要填寫回函卡並寄回，就有機會獲得神祕小禮物！

讀者只要留下正確的姓名、E-mail和聯絡地址，
並寄回愛米粒出版社，即可獲得晨星網路書店$30元的購書優惠券。
購書優惠券將mail至您的電子信箱（未填寫完整者恕無贈送！）

得獎名單將公布在愛米粒Emily粉絲頁面，敬請密切注意！
愛米粒Emily: https://www.facebook.com/emilypublishing

愛米粒出版有限公司
Emily Publishing Company, Ltd.